会说话是本能
说得好才是

SUPERIORITY

蔡庆龙 | 沈慧 著

机械工业出版社
CHINA MACHINE PRESS

本书通过讲解个人优势提升说话水平的方法，让读者找到自己说话难、难说话的症结所在；讲解盖洛普优势理论以及在说话方法上的应用，帮助读者最有效地利用自己的优势提升说话水平。

本书从精神科学的角度，揭示人们说话方式差异的根本原因。科学研究显示，人们16岁之前的生活经历、教育程度、思维习惯等因素决定了大脑细胞网络分布。脑细胞突触的强弱决定个人优势分布，更成为精神过滤器，时刻影响着人们对事情的见解与表达。

本书既提供有关个人优势的理论介绍，也加入了生动的案例分析，让读者可以轻松学习和应用书中的沟通技巧，从而找到优势提升言值力，实现沟通能力从量到质的飞跃。

图书在版编目（CIP）数据

会说话是本能，说得好才是优势／蔡庆龙，沈慧著.
—北京：机械工业出版社，2020.5
ISBN 978-7-111-65386-8

Ⅰ.①会…　Ⅱ.①蔡…　②沈…　Ⅲ.①语言艺术-通俗读物
Ⅳ.①H019-49

中国版本图书馆CIP数据核字（2020）第064340号

机械工业出版社（北京市百万庄大街22号　邮政编码100037）
策划编辑：梁一鹏　　　　　　责任编辑：梁一鹏　张潇杰
责任校对：高亚苗　潘　蕊　　封面设计：钟　达
责任印制：孙　炜
保定市中画美凯印刷有限公司印刷

2020年5月第1版·第1次印刷
145mm×210mm·7.875印张·1插页·136千字
标准书号：ISBN 978-7-111-65386-8
定价：48.00元

电话服务　　　　　　　　　　　网络服务
客服电话：010-88361066　　　机 工 官 网：www.cmpbook.com
　　　　　010-88379833　　　机 工 官 博：weibo.com/cmp1952
　　　　　010-68326294　　　金 书 网：www.golden-book.com
封底无防伪标均为盗版　　　机工教育服务网：www.cmpedu.com

鱼游浅底，鸟飞高空

当年在外企上班的时候，因为个性活跃，喜欢嘚瑟，每年公司的年会都是我主持、导演和策划。

记得有一次年会，我还兼任了总指挥，安排和协调2000名员工，坐大巴往返公司和年会场地。早上我给公司所有部门经理群发了邮件，下午两点全体员工在停车场集合，乘坐租来的50辆大巴出发。

结果，2000人分别从办公楼和各个车间涌出，乌泱乌泱地群聚在停车场，谁也不知道该坐哪辆车，也不知道哪辆车已坐满，是否该出发。

那场面，一度相当混乱。

50辆大巴好不容易到了年会所在的体育场。活动结束，我一声令下，2000人又乌泱乌泱地离开会场坐大巴返回公司。体育场在市中心，毫无秩序的同事们围住毫无秩序的大巴，造成了严重的交通阻塞。

第二年，老板就把我罢黜了，安排了一名更细心、严谨的同事做总指挥。

人家从系统里调出各部门人员名单，在给经理们的邮件里，详细规定了哪个部门、哪个时间到停车场，按车窗玻璃上贴的号码找大巴。

全员出发时，并然有序。

散场时，他拿着麦克风，指挥同事按部门、按顺序离开，井井有条。

同样是人，差距怎么这么大呢？

后来研究了盖洛普优势理论，我才恍然大悟。

我的前五大才干是完美、积极、前瞻、思维、理念，其中完美属于"影响力"范畴，积极属于"关系建立"范畴，前瞻、思维、理念属于"战略思维"范畴。　（见图0-1）

执行力	影响力	关系建立	战略思维
成就	行动	适应	分析
统筹	统率	伯乐	回顾
信仰	沟通	关联	前瞻
公平	竞争	体谅	理念
审慎	完美	和谐	搜集
纪律	自信	个别	思维
专注	追求	包容	学习
责任	取悦	积极	战略
排难		交往	

图0-1　盖洛普优势识别器2.0

没有一个才干是"执行力"范畴的。这验证了我比较擅长宏观上统筹和创造,在执行力层面很弱。

而我的那个同事,一向以执行力强著称,严谨、审慎、靠谱。

这就难怪,两个人做同样的事情,结果却是如此的迥异。

本书花了很多笔墨来介绍优势理论,帮助读者了解优势,充分发挥自己的优势,去做最能体现优势的事情。

这很重要。人生苦短,何必难为自己?做自己擅长的事情,比其他所有东西都重要。

鱼游浅底,鸟飞高空。

你要搞清楚自己是鸟还是鱼,这样你才能知道,哪里是你的天堂,哪里是你的地狱。

阿龙既是优势教练,也是演讲教练。在本书里,他将优势和演讲做了完美融合。我从来没见到市面上有这样一本书。

我本人也教演讲,会注意到演讲的人,大体可以分为两类。

一类是左脑特别强大,演讲逻辑严谨,丝丝入扣,摆事实讲道理,说服力强。如果干干巴巴,没有趣味,就激发不了听众听下去的欲望。讲者兴致盎然,听者昏昏欲睡。

另一类，右脑特别强大，幽默风趣，妙语连珠，擅长讲故事，擅长引导听众的情绪，过程和场面十分热闹。但是演讲结束，听众并不知道他想要表达什么，核心的观点是什么，逻辑是怎么构建的。热热闹闹一场戏，曲终人散，收获了无痕。

两类演讲者，互相羡慕。

左脑强大的人，拼命模仿右脑强大的人，希望自己的演讲妙趣横生、活色生香，可结果往往是故事也讲不好，幽默也很尬。

右脑强大的人，潜心效仿左脑强大的人，希望自己的表达逻辑严谨、说服力强，可结果往往是捡了芝麻丢了西瓜，连自己最擅长的特点也没有绽放出来。

其实没必要。

东施就做你的东施，没必要效颦西施。

稍稍向别人学习一点儿就好，把自己的不足弥补到及格的水平。更重要的是，发挥本身的优势，在演讲中充分绽放到极致，就可以了。

我们做不到征服所有的人，只能获得喜欢我们风格的人的赞赏。

还是那句话，人生苦短，何必难为自己？

阿龙将自己多年来在优势和演讲两个方面的积累，融合在本书中，创造出极其新鲜的组合，我相信读者会从中受益。

　　衷心地祝愿各位读者，能够找到最适合自己的领域，鱼游浅底，鸟飞高空，自在，舒服。

　　　　　王鹏程（高管教练/培训师/畅销书作家）

前言 🎤

　　用优势说话，是我从一个死囚犯身上想到的，她叫小云，穿着囚服坐在狭小的铁窗下，年轻又美丽。她看见我们走进来，嘴角扬了扬似乎是想要笑，但终究没有笑出来，只是把头低的更低了一些。2009 年 10 月 29 日早上 9 点，外面阳光正好，距离她执行死刑只剩下不到 48 小时。

　　我大学毕业后的第一份工作是厦门电视台《警方视点》栏目的记者，因为工作关系，总计采访过近百个死囚犯。从某种意义上来说，我是他们在世上最后一个可以谈心的人。人之将死，其言也善，死囚们或者痛哭流涕地悔恨当初，或者牵肠挂肚地思念亲人，可唯独小云是个例外。她紧握双手，全身僵直着发不出声音。

　　资料显示，小云出身于高级知识分子家庭，父母亲都是大学老师，自小就非常优秀。丈夫与她同是中国某所著名学府的同学。两人毕业后分别在世界五百强公司任职，并迅速组建了小家庭，非常让人羡慕。但谁也没有想到，五年之后的新年夜，小云突然举起水果刀对丈夫连捅 80 多刀致死。

　　我瞥了一眼小云露出的小臂，上面一条狰狞的伤疤就像蜈蚣。她意识到我的目光，手缩了回去，蜈蚣只能露出1/5部分了。我知道那是她丈夫家暴的结果，他从婚后三个月开始殴打她，发起狂来会用皮带把她抽得皮开肉绽，直接送到医院急诊室去缝针。

　　她在日记里面一直怀念之前的甜蜜，说丈夫以前不是这样的，他当年求婚的时候在校园广场下跪，指天发誓说若是让她受半点委屈，立刻就天打雷劈……所以他只是一个情绪比较容易激动的人。如果有了孩子，丈夫一定变回原来的样子。

　　可是丈夫在她怀孕5个月的时候狂踹她的腰腹部，导致她肋骨折断两根、当场流产而且终身不孕。这成了压倒她希望的最后一根稻草。出院后小云没有再写日记，而是直接举起屠刀。

　　看小云似乎没有说话的意思，我清了清嗓子，打破凝固的空气："我刚才见到了你妈妈……"她像是被电流击中了一般，嘴角动了动，看口型是唤了一声妈妈。我不愿向她说她母亲在监狱等候区里欲哭无泪的样子，继续说："她托我问你一句话：为什么不告诉她你被打的事？"出事之后所有人都大吃一惊。从她的父母到同事同学，所有人都以为她生活幸福无边。整整五年，直到她被逮捕都无法接受。

　　而这一点，也是我执意要采访小云的原因。一个有足够经济实力的优秀女性为什么会选择隐忍不发？

小云的拼命咬着嘴唇："记者同志，我不知道要怎么说。我从小到大都是个完美小孩，成绩永远是第一名。我妈说，优秀的人一定是多做少说。说太多废话一点用都没有……"

她哽咽着，满面泪痕。似乎回答了我的问题。但似乎又没有。

追求完美，少说多做。用事实说话，既然选择婚姻，就"熬"到完美的模样。至于过程如何惨烈，不重要。

我无法想象她一个人是如何扛下家暴的伤害，在亲朋好友面前扮演"完美人生"的过程。她长袖长裤，围巾口罩。为每一次住院就医找借口，为每一次殴打找理由。她可以千般撒谎，却不愿意给自己一线机会。

小云说："我真是羡慕你这样口才好的人，能说会道。如果我也会就好了。"

我很震惊，难道她曾经想要倾诉吗？

小云接着说："我想说服妈妈，不想当完美小孩。最重要的是，我能拥有一些好朋友和贵人。有他们的帮助，我能打开心扉开阔视野。对爱情就不会再执念。"

小云用生命的代价得到的感悟，一字一句重重的冲击我的灵魂。

我似乎看到了年少的她跟母亲争执，最后意见被打压被迫服从母亲的决定。又看到她和同学、同事一起，没说两句就被孤立在外。她痛定思痛开始学习演讲，看说话的技巧，对着镜子练习。但总是适得其反，在争取客户投资的时候她越发结巴，客户拂袖而去。她一直怕自己说不好，紧张发抖。可是越紧张越说不好。最后她放弃了，干脆选择不说。

原来是这样！真相就像一只大手把我的思绪搅的杂乱不堪："上天给你那么多优势，你长得漂亮，又知书达理，学习力强……"

小云："这么多优势还是不能让我会说话。有什么用呢。这些年我一直在孤军奋战，就算被逼到绝路也不知道怎么寻求帮助，结果……"

手铐响了一下，很清脆的声音。打断了她说下去。许是察觉到时间不多，又或者是她更习惯于安静，她再一次闭了嘴。

用优势说话，我在纸上写了五个字，举给她看。"其实你很会说话，你刚刚就说服了我。你只是不知道自己能说得多好罢了。"她瞪大了眼睛，不可置信的表情，之后就是苦笑。"原来你就是那个能让我醍醐灌顶的贵人。"她自说自话，声音很轻，我却听得一清二楚。古人说朝闻道夕死可矣，怕她正在经历吧。只是可惜，一切都来得太迟。

采访结束的时候，她叫住了我。"告诉我妈妈不要伤心。还有，"她看了我一眼，"如果我能早一点认识你就好了。"

被拼尽全力压抑住的生命渴望,正从她眼中汩汩涌泄。我不敢与那样的眼神对视,于是结束了这次采访 。监狱等候区里小云的妈妈又晕厥过去了,而电视上正播报着某著名电商公司的女性 CEO 的公司新产品发布会,她在讲台上侃侃而谈获得满堂喝彩,巨大的气氛反差让刺目的阳光都变得寒气逼人。

小云的故事可以从各个角度诠释,但我一直伤感的是她选择闭口不言的过程。她曾多么努力地乞求反转。她像很多白领一样,知道口才的重要性。但遗憾的是她不清楚自己的优势而一味模仿别人,邯郸学步的结果当然是徒劳无功。所以,五年里她被迫禁锢在自己的爱情信仰里,被"打碎牙齿和血吞"的状态终于拖垮了人生。

电视里又一次排山倒海的欢呼声。我凝视着那位 CEO,她应该是小云妈妈眼里完美的样子,曾经小云距离她只有一步之遥。那一步,就是从个人优势衍生的说话能力。小云证明它的缺失,让再多的成就,都支撑不起一个完整的人生。

2019 年 10 月 31 日,小云被枪决整整十年。我赶在这一天凌晨,为本书画上了最后一个句号。我抚摸着书稿,依稀感受到见到小云时桌子的冰冷。我在书里写了十多万字,但最想说的只有一句:用优势说话,从此不再有小云。

目录 🎤

序

前言

第一章

优势发声的概念

测测"说"和"话" // 002

盖洛普优势公式 // 009

优势说话的"冰山理论" // 016

第二章

优劣势的成因

大脑的神经网络 // 024

每个人的个性化理解方式 // 029

才干是培养优势的最重要原料 // 032

第三章

如何找到你的优势

找到优势的两种方法 // 038

优势识别器测试 // 040

优势教练的指导 // 041

优势四象限 // 053

第四章

执行力先发制人

执行力，爆发力 // 062

成就派的执着 // 063

统筹全局要素 // 066

信仰永不撼动 // 069

公平让人人有机会 // 073

审慎细节可行性 // 076

纪律是控制前提 // 079

专注锁定目标 // 083

责任大于一切 // 087

排难者的好运气 // 090

第五章

影响力定格气场

影响力，感染力 // 096

行动一马当先 // 097

统率的帅才 // 100

沟通的 3D 式表达 // 103

竞争无处不在 // 107

完美让细节说话 // 110

自信者、人恒信之 // 113

追求造就卓越 // 118

取悦营造轻松氛围 // 121

第六章
关系建立创造和谐

关系建立，天地人和 // 128

适应任何场合 // 129

关联千丝万缕 // 133

伯乐生就一双慧眼 // 139

体谅，时刻关注他人需求 // 143

和谐，众乐乐胜于独乐乐 // 147

包容让海纳百川 // 154

个别让个性十足 // 158

积极、向上的原动力 // 163

从心出发的交往 // 169

第七章
战略思维全盘考量

战略思维运筹帷幄 // 174

分析背后的逻辑支撑 // 175

回顾，请时间说话 // 178

前瞻，走一步看十步 // 181

出奇制胜的理念 // 187

搜集信息提炼观点 // 190

思维无处不在 // 195

生命不息,学习不止 // 198

战略的高度和广度 // 203

第八章
用自己的优势说话

根据"优势四象限"发声 // 210

把才干发展成优势 // 213

优势说话助力个人品牌 // 220

用优势讲个人品牌故事 // 224

转型期的三个故事 // 227

是本能，

才是优势

第一章

优势发声的概念

测测"说"和"话"

2020年年初，我刚刚完成一场关于用优势说话的公益演讲。我做了10多年的主持人，又有多年优势教练的实践经验，长年在沟通表达、个人优势两个领域深耕。我最大的梦想是帮助中国的青年人用优势说话，让"会说话"也有价值。

演讲现场反应非常热烈，到结束的时候还有很多同学提问，原本两个小时的活动一直拖到四个小时后才结束。我走出教室的时候，看到一个女生坐在角落里望着我，她察觉我注意到她时，又慌乱地低下头。

我记得她从一开场就坐在那里，演讲的时候也听得很认真。但只要我与她有眼神交集时，她就立刻躲闪。

她面前的笔记本上签名"林琅"，字体俊秀让人顿生好感。这世界上所有的老师都偏爱刻苦的学生，所以我决定跟她聊聊。

"同学你好。"

她明显没有料到我会主动找她说话，噌的一下从座位上站起来："蔡老师……您的课讲得太好了。"

她声音很好听，但因为没有自信，只能有气无力地像蚊子哼哼。

我微笑地看着她并鼓励她把话说完，她似乎胆子大了一些，"我刚做完您课上讲的口才测试题。"

我点点头，今天的演讲开场第一张 PPT 就是"说话"二字。我告诉大家，以往我们提到说话，都是把它作为一个词来理解，这样有些流于表面。其实，说话应该由"说"和"话"两大部分组成。

"说"主要是我们的口头表达能力，"话"则是我们可供表达的知识、才学。"说"和"话"是缺一不可的，有"说"无"话"，就是山中竹笋，嘴尖皮厚腹中空；有"话"无"说"，就像茶壶煮饺子，满腹经纶却倒不出来。

人们常常抱怨自己不会说话，但要先明白问题到底出在哪里，细分原因再逐项分析研究。

我给每位同学都分发了一张美国宾夕法尼亚大学沃顿商学院的口才测试题，让大家根据自己的口才情况选择答案，给自己打分，"是"为 1 分，"否"为 0 分，检测一下自己的口才能力到底如何。

自我测试题目

1. 你是否经常用谚语取代长的陈述？

2. 你是否觉得自己能快速、有效地劝解和说服别人，包括自己？

3. 你是否很少和亲友、同事争论或吵架？

4. 受到言语刺激之后，你是否很快能够提醒自己冷静下来，用中性语气回应对方？

5. 朋友是否经常找你倾诉心事或商量问题的解决方法？

6. 你是否很少当面或背地里抱怨他人？

7. 你是否很少觉得自己很了不起？

8. 你和同事或朋友说话是否经常用"你"而不是"我"？

9. 你是否赞成"专业越精越有能力，素养越深越有魅力"的表述？

10. 你是否知道自己的言行就是在告诉别人你的德行、品味、境界、素养？

11. 你是否很少在发言的时候出现过度紧张、手心出汗、说话结巴的情况？

12. 你是否很少在与上司谈话的时候无法清晰地表达

自己的看法?

13. 你是否很少学到一点知识就假惺惺地用请教的语气去拷问别人?

14. 作为女人,你是否明白丈夫的任务不仅仅是陪你,而是为你和孩子的未来积累更多的保障?

15. 作为男人,你是否知道在公共场合越是大放厥词,就越是得不到女人尊重?

16. 你是否觉得讲道理不如说故事?

17. 你是否觉得口才对人才培养来说等于如虎添翼?

18. 你是否觉得读书再多,不学沟通技巧照样不会说话?

19. 你是否觉得心智不成熟的人,口才好是不可能的?

20. 你是否觉得学口才,重要的是学待人与做人的艺术?

我让同学们课后统计答案,计算总分。

得分在16分,说明口才非常好,能够在大型的场合表达自己的观点、情感,并且能够通过自己的语言去影响听众乃至公众。

得分在12分到15分,说明口才较好,能够在小型的聚会中很流利地发表自己的谈话。

得分在8分到11分,说明口才合格,能够在陌生人面前愉快地交流。

得分在 4 分到 7 分，说明口才有待提高，只能在自己的父母和熟人面前熟练地说话。

得分在 0 分到 3 分，说明口才急需提高，现阶段仅仅能够开口说话而已。

林琅有点不好意思地把测试卷拿给我看，总分赫然是 2 分。她脸蛋涨得通红："蔡老师，我每次跟人说话的时候，就像您在课上描述得那样。"

不会说话的人会经常遇到这样的场景：

当他们兴致勃勃地描述一件事或发表感慨时，听者只是礼貌性地点头回应，扭头转向其他方向，注意力瞬间转移。此刻，说话的人内心一定充满疑惑，甚至是愤怒。但他们不知道怎样让沟通继续下去，气氛也一下子变得冰冷。

当然，如果在演讲的时候，这种尴尬会被放大百倍。演讲者说话的时候会发现台下的观众满脸的不耐烦，他们或者埋头玩手机，再就是提前离场。此时就算演讲者为了调动气氛，抛出一个笑话或自以为生动的案例，观众席也是毫无反应。

这种"对牛弹琴"式的对话为什么进行不下去？

因为没有了说话的心情。而说者心情的转变则是跟听者的回应与态度有很大关系。很多时候，我们只根据听者的反应决定是否继续说下去，却没有深入探寻听者为什么会有如此的反应。我们并不清楚自己说的话令对方不感兴趣甚至反感的原因，而这恰恰是沟通不畅的开始。

我还引用了沃顿商学院的艾比·盖尔教授的观点：否定、嘲讽、说教以及随便打断、肆意评价、不理睬、不回应等语言暴力，会给人情感和精神上带来巨大的创伤。这些无心的或有意的语言暴力让人与人之间变得冷漠、敌视，比肉体的伤害更加令人痛苦。

一次失败的沟通，甚至一句冷漠的话，都会让人感到伤心失落，有可能给我们的谈话和交往造成令人不满意的结果。我们常常没有意识到甚至并不认为自己的谈话方式存在问题。在一段不愉快的交流结束后，如果我们回想一下谈话的内容，也许就能发现自己的哪些语言引发了他人的痛苦。

林琅对这部分深有感触。

她刚上班的时候，公司为了拓展国际业务，选派一批英语较好、业务精湛的员工出国接受培训。林琅作为新人原本是没有资格参与的，但因为她试用期的表现太突出，而且笔试的时候也拿了第一，所以争取到了面试资格。

她记得当时站在公司领导们的面前，紧张地手也不知道放到哪里，只好互相握着。她声音很小，唯唯诺诺地说着。讲到一半的时候，领导一脸不悦地打断她："行了，行了，我到现在也没有听明白你说的到底是什么？"

那次面试不但让她名落孙山，还让她产生了自我怀疑。林琅一直认为自己的表达能力还不错，但到底是哪里出了问题？

是的，类似的问题我几乎每天都能遇到。就在十分钟前，一个朋友还在微信上呼叫我。

我让林琅看看这位朋友的沟通方式。他一共给我发了五条微信，分别是：在不在？忙不忙？想和你说个事情。现在有时间吗？什么时间方便呢？

林琅有点不好意思地笑了："蔡老师，我也发过这种微信。"

接到这五条微信，我第一反应是，什么事情这么着急啊，连着发了五条信息，而且都是一个意思——"我现在想和你说个事，可以吗？"一句话能说清楚的事情，连着呼叫了我五条。

许多时候，我们总想着把事情说清楚，但是却忘了怎样简洁地把事情说清楚。数据显示，七千个字是一个人平均每天要说话的数量（包括口语表达、网上沟通等），每天需要说话就像需要呼吸一样，与父母聊天，和孩子沟通，与同事有效率地交流，用语言和朋友维持良好的人际关系等。

当今社会，每个人都是自媒体，我们的想法代表着我们的价值，为什么有些人出口成章，总是有着思辨的观点，有见解的表达，让人看了还想看？为什么有些人话虽不多但掷地有声，细细品来更是充满了韵味？

反之，为什么有的人聊天，说了五分钟就像过了一个小时，让人死活不明白说的到底是什么？人和人之间的差距真的这么大吗？

林琅明白自己并不是个例："蔡老师，如果我能跟您一样会说话，肯定不会失去那次机会。"

我纠正她："我和你没有什么不一样。"林琅很震惊，显然觉得我在开玩笑。因为我是一个以说话作为职业，甚至是事业的人，而她却因为不会说话而在职场屡屡受挫。在她眼里，我们有天壤之别。

我补充一句："如果我们之间有一点不同的话，那就是我会运用优势说话。"

盖洛普优势公式

作为资深优势教练，我的工作就是帮助大家发现优势，用优势创造价值。不过，每次做教练之前，我都喜欢先问对方："你认为自己有哪些优势？"

咨询客户们大多脱口而出。有人说，我的优势是在金融圈工作多年，拥有很多优质资源，熟悉各种金融投资工具；有人说，我的优势是表达还不错，每次都能把故事讲得完整、顺畅；还有人说，我的优势是做事有责任心、靠谱，领导放心让我独当一面。

其实，他们描述的这些都只不过是优势的一部分。那么，优势的完整定义是什么呢？国际知名的优势测评公司盖洛普（Gallup Inc.）对优势的定义是，通过近乎完美的表现，在特定方面持续取得积极成果的能力。即我们擅长的，并且总能做好的事情，其背后就是我们的优势在发挥作用。

我让林琅在笔记本上写下盖洛普优势公式：优势 = 天赋 × 投入。

严格来说，优势只是过人之处，需要分类的是等式右边的天赋，它又名才干，是一种自然而然反复出现，可被高效利用的思维、感受或行为模式。一个人的成功，无论是在生活还是工作上，往往是因为他运用了自己的天赋优势。

盖洛普公司把优势划分为 34 种类别。

比如，一个人总是能从对方的角度考虑，即换位思考、有同理心，那他就有"体谅"才干；一个人内驱力很强，做事情几乎不需要外界推动，自己就能够安排得很好，是身边人的效率模范，那么他就可能拥有"成就"才干。

所有的公式都是高度抽象的，它需要读者结合自身的理解去形象化和具体化。现在林琅正尝试理解："天生我材必有用，那么这个材就是'才干'，是每个人都具有的，而且各不相同。再加上有针对性的训练，就会成为过人之处。"

"悟性真高！"我称赞她。再举个例子，我的一位学员唐莉有一种突出的才干——体谅。她总是能够体谅对方的情绪和感受。

唐莉是一位客服经理，负责处理客户的投诉，同时管理公司的客服团队。在面对客户投诉时，她总是会很耐心地倾听客户的抱怨，站在对方的角度想问题。因为表现出色，她在 24 岁的时候就被提拔为客服经理，带领 7 个人的团队服务客户，团队的整体业绩和工作氛围都很好。

唐莉的经验是，她会把团队成员也看成客户，去了解他们的想法和感受。比如前段时间，唐莉注意到团队里的小 A 情绪很差，工作积极性明显降低，唐莉私下里约她去咖啡馆谈心，发现她遇到了一个棘手的大客户，自己处理不了，又不好意思向同事求助，累积了很大的压力。

唐莉耐心地听小 A 把之前累积的压力全都倾诉出来，并且帮她分析问题、梳理解决方案，鼓励她遇到问题要及时求助，帮助她重新找回了工作热情。

生活中的唐莉也是如此。在朋友中间，唐莉经常充当知心姐姐的角色，朋友们有什么烦心事总是喜欢找她倾诉。

我告诉林琅，这种"总是能够去体谅对方的情绪和感受"的才干表现在唐莉身上，就是一种自然而然反复出现，且可以被高效利用的模式。这种模式会反复出现在她工作和生活的各个场景中。

很多人刚接触新概念的时候，会产生抗拒心理，林琅也不例外。她撇撇嘴，"读书的时候，'天生我材必有用'是班级的班训，但我没信过。因为我觉得自己就没什么天赋，自然也不会有优势，当然更谈不上用优势说话了。"

我经常能听到这样的言语，一连串的逻辑推论听上去很有道理。但它的背后却是根植于内心的自卑感。

我望着林琅，她资质虽高，但可惜的是身边人要么吝惜赞美她，抑或她早已习惯接受外界给予的平庸标签。我叹了口气，过去的我也像林琅一样笃信有些人生而有才，而有些人注定平庸。

现在，事实告诉我人人都有优势。

即使因为教育和阅历的原因，很多人在知识、技能方面积累较少，但是优势核心的才干却是人的思维模式，可以根据使用频率、行为表现、自身状态而判断出来的。

大脑从发育开始就日积月累地遵循着用进废退的原理，用得多的日久天长就成了用得最顺手的模式。这跟一个人有没有艺术细胞、商业头脑、空间感等天赋（比如天生对某个领域有感觉，学得快，甚至无师自通就到了很高的境界）不是一回事。

林琅反复咀嚼我的观点："您说的优势，是不是像历史上很多草莽出身的英雄，虽然没有受过教育，但一样靠着异于常人的思维模式搅弄风云？"

无数个历史人物的名字闪过，刘邦、朱元璋……他们的确是最有力的证明。为了让林琅建立起对思维模式的认知，我又抛出几个问题：

不喜欢参加冗长的会议，希望立即动手？

你等电梯的时候，是否总是反复按键，提醒电梯你的存在？

你有一个点子，总是迫不及待立刻开始？

如果以上 3 个问题的答案都是"YES"，那么你很可能有个排名靠前的优势——行动。行动主题突出的人，经常说干就干，别人还在琢磨，你已经热火朝天地做起来了。

我笑着对林琅说："所以哪怕你不做测试，留意自己惯常的思维行为模式，也能对自己的优势略知一二。"

我对客户进行优势辅导时，就是不断引导他们专注于"我想要"，而非"我不能"。因为相信的过程就像是撕掉认知井口的封印，引领能量喷涌而出。相信自己有优势，就像相信众星捧月的大咖也会自卑，相信他们对自己产生的怀疑和迷茫一点都不比普通人少。人和人，从这个角度看真没有什么不同。

　　了解自身优势本身是个非常有趣而且有意义的经历。因为太多人终其一生就是想成为自己不可能成为的人。比如对数字没感觉的，却不得不花时间钻研数学，为的就是拿个学位。比如不太会体谅别人的人，被送去学习如何做个善解人意的人。比如习惯做研发的人却要挑战销售任务。太多人用大量时间来改善劣势，却很少关注自身优势，可优势才是每个人成长空间最大的地方。

　　林琅听到这里，突然说："专注发展劣势就像让猴子学习游泳，让老虎练习飞翔。倒不如给猴子一棵树，给老虎一座山。"

　　是的。将改善劣势作为奋斗的目标，这其实是一条最难行的路，不知不觉中白白耗费时光。相反，把投入在劣势改善的时间用来培养天赋才能，让它绽放为优势，才是最划算的投资。

　　我们习惯在周报或月报里反复提醒自己哪里不够好，什么是弱项，重复洗脑得多了，记住的尽是短板，长处都快忘记了，更别说如何调用它。

　　我们每个人来到这个世界，都带着独一无二的天赋和使命。我们生而不同，同时又要创造不同。

　　所以，终其一生，我们要做的就是将自己独特的天赋和使命真正连接起来。相信我们独一无二的天赋，不断投入其中，并且创造性地发挥我们的优势——在这个不断往复的过程中认识自我、丰富自我、绽放自我。

每个人都是一颗钻石，有的人已经发光，有的人还在发光的路上。人生短暂，我们需要更快地找到能让自己发光的"闪光点"，激活它们，运用它们，最终我们就会闪闪发光。而这些"闪光点"就是我们独特的优势。

我又跟林琅分享自己的面试经历。我应聘厦门电视台主持人的时候，最后一轮由台长亲自定夺。和我一起的其他五位面试者都非常优秀，跟他们相比我并不突出。

台长问每一位面试者关于职业规划的思考。我告诉他自己是土生土长的闽南人，在闽南文化方面有很深厚的底蕴。我记得当时台长的眼睛都亮了，他当场拍板录用了我。

林琅不解："闽南语是你的优势，对吗?"

我摇摇头："另外五位面试者有两位是闽南人，让我脱颖而出的是我其中一项才干——前瞻。"

因为我在面试之前，通过公告栏看到厦门电视台的月度会议纪要，下半年台里会推出关于闽南特色文化的新栏目，而且会持续加大闽南文化的推广力度。

林琅听到这里，总算明白过来："所以您提前把自己定位为电视台未来发展的急需人才，并且在面试的时候就把你的优势表达了出来，成功获得录取资格。"

优势说话的"冰山理论"

林琅竖起大拇指："前瞻这项才干就像种子，成长为优势。原来你能成为主持人，是因为您善于用优势说话。"

很多时候，考验沟通和表达能力的不仅仅是语言本身，而是"为什么这句话要这样说出来"的思路。令人信服的分享并不只在语言本身的吸引力，而是背后的设计。这些才是个人优势的真正体现。优势说话就像冰山，语言表达部分只是水面上的20%，而真正决定其水准的是水面之下80%的优势。

原来这就是您讲座上一再强调的优势说话"冰山理论"呀！

林琅明白过来。现在她开始相信，自己和我并无不同。我只是以自身优势对周围世界做出反应。我如何与人交往，如何做出决定，如何获得满足——这一切无一偶然。它们一起形成了独一无二的模式——用优势说话。

首先，我意识到它的存在。而许多人连这一步都迈不出去。

其次，最重要的是我并未下苦功克服弱点。我的行动恰恰相反：我识别自身行为模式中的强项，注入大量的学习和实践经验，继而将它们发展为今日所见的强大优势。同样的道理，发现我的优势，再通过实践和学习予以训练，也一样能提高说话能力。

这些年我采访过在各自领域出类拔萃的成功人士，无论是教师、销售员、演员还是会计师，发现他们的成功秘诀都在于发现了自身优势，并利用优势发声。只不过，他们不自知而已。

林琅一边听一边迅速地翻笔记，我看到有一页记录着乔布斯、巴菲特、马云等名人演讲，不觉微笑。看来我表达得不够透彻，直到现在她还是把优势理解得过于"高大上"呀。我需要补上"临门一脚"，让优势说话变得更接地气一些。

果不其然，林琅问："马云在 1999 年说服孙正义投资阿里巴巴，或者乔布斯在 1983 年说服百事可乐总裁约翰·史考利加入苹果，都是用优势发声的经典案例吧？"

"你也可以称之为谈判、高效沟通等。"我特意强调了一下它们的同等关系。提到"谈判"，大部分人联想到的是商界大鳄们坐在会议室里唇枪舌剑，或者谈判专家与挟持人质的绑匪紧张对话的场景。但我更愿意让它们"接地气"一些。

其实，人生本身就是一场充斥着说服与被说服的较量。我们在工作中和生活中遇到的大部分互动，说到底就是要表达一种简单的、本能的动物需求——"我想要"。

为了能方便林琅理解，我把这部分再细分成两个小点。

1）说话的目的要明确、坚定，就是"我想要"。想要从别人那里获得什么或者向别人传达什么。

举个例子，我们去街边小店买东西时，是可以讨价还价的。但是，多数女孩子脸皮薄，不好意思还价。想着人家开价 300 元的话，会觉得我若还到 150 元，是不是不太好呀。

如果置身于这个场景，就应该坚定地告诉自己——讨价还价的目标：我想要用 150 元甚至更低的价格拿下这件衣服。

2）用优势说话的机会无处不在。

比如晚上 9 点的时候，我们想让三岁的小宝宝睡觉，可他看着动画片完全不听。这个时候的互动需不需要用优势发声呢？

"哦！"林琅终于明白过来，"那就是借助优势的力量，在任何场合都能让沟通能力事半功倍。"

她还没来得及等我回答，紧接着抛出第二个问题，"我的优势就是我容易比别人做得好？"

我连连摆手，这也是很多新学员容易进入的误区。所谓优势永远都是自己跟自己比，孰强孰弱，而不是跟其他人横向比对。换句话说，一个人即使拥有 34 个优势排名最靠后的某个优势，也有可能会比别人拥有排名前 5 的一个优势的绩效表现好，整体上都优于别人的情况也是存在的。

林琅在笔记本上认真写下一行字：用优势说话，就是发现更好的自己。

林琅说："真是迫不及待地想要知道自己的优势呢。"厚厚的笔记本上记的是之前她学习说话技能的笔记。林琅专门挑了一只红笔，写下大大的"优势说话"四个字。她的脸上都是憧憬，似乎手里攥着的是开启宝库大门的钥匙。

我指了指空荡荡的教室对她说："至少你具备'学习'这个优势，为了学习说话，你参加了很多培训，现在更是坚持到这么晚。"

"学习！"林琅激动地握紧双手，像是看见了奇珍异宝一般。我微笑，第一次找到自身优势的感觉就是这么奇妙。正应了那句话，人世间所有的相遇都是久别重逢。

我看看腕表，等着林琅回到主题。果然只用了 3 秒，她又问："可是'学习'这个优势能帮助说话吗？"

我指着她笔记上十分钟前用红笔记下的重点：人生本身就是一场充斥着说服与被说服的较量。

"你用'学习'这个优势感动了我。因为如果换成普通学员我是不会回答那么多问题的。换句话说，在我们的对话中，我已经被你说服了。"

端正又仔细的笔记、发散的思维、敏捷的反应能力，最重要的是她对知识的渴求,还有不学会决不罢休的执着。

这些在我眼里的发光点,她全都不自知,只是震撼地瞪圆了眼睛,她还在质疑自己是个深受沟通困扰的职场小白,怎么可能搞定优势演说家?

大部分时候,我们的确不知道自己有什么优势,也不知道自己该怎么说话才能达成目标,只能"神农尝百草"式地尝试用优势说话,通过一次次反复验证,不断精进。

林琅很幸运地尝试成功了一次,这无疑给了她巨大的信心。她已经知道,高效的说服从来不是口若悬河、字字珠玑,更不是唇枪舌剑、语惊四座。它更多的时候是春风化雨、触动心弦。比如电影《阿甘正传》里沿着公路向希望奔跑的阿甘,福尔摩斯参透真相后嘴角扬起的笑容,他们可能还未发一声,观众已屏息倾耳。福尔摩斯语言简单,阿甘更是有些口吃,但只要他们用优势说话,就能让每个字都掷地有声、振聋发聩。

①为什么人无完人?

②为什么我学了那么久说话毫无进步?

③我还有其他优势吗?怎样才能找到它们?

④找到优势以后要怎么运用到说话上?

林琅笔下的四个问题,看上去像是发自内心的灵魂拷问,但她把目光移向我,显然这四个序号的问题账单,需要我来逐一清偿。

我想起来两个关于提问的论述：

其一是阿尔伯特·爱因斯坦说："提出一个问题往往比解决一个问题更重要。因为解决问题也许仅是一个数学上或实验上的技能而已，而提出新的问题，却需要有创造性的想象力，而且标志着科学的真正进步。"

其二是费尔斯坦《无知：如何驱动科学》中说："一个好问题能激发出不同层面的答案，能鼓舞人们用几十年的时间去搜寻解决方案，能衍生出全新的研究领域，还能让人们根深蒂固的想法发生改变。而答案却在终结这一切。"

现在林琅提出的问题有深度、有广度。我决定借机引导她建立属于自己的优势发声系统。我拿出相关书籍交给她："这里面有你第一个问题的答案。"

每次在课上向学员介绍优劣势成因的时候，我都会把人脑简化成不同的脑细胞网络图。看到这幅图的人都会问同样的问题：

是什么创造了这些贯穿始终的网络系统呢？如果不喜欢现有的系统，能换一个新系统吗？

对这些问题的回答是，不行。

因为我们的脑细胞网络由大脑细胞之间的连接形成，而且一旦形成就固化下来，也就是说，才干是经久不变的。

究其原因，我指了指桌上的茶杯，示意她捧起来。

会说话
是本能，
说得
好才是优势

是本能，

才是优势

第二章

优劣势的成因

大脑的神经网络

"茶香芬芳，汤色清亮，好茶。"她喝了一口，称赞道。

"芬芳和清亮这些形容词，你是怎么感觉到的呢?"

林琅一愣。我笑着补充道："是大脑里的神经元和突触告诉你的。因为它们构成信息的物流渠道。"

神经元，又叫神经细胞，它就像一个搬运工，将人类的感官搜集到的所有外界信息传递给大脑。比如勾起熟睡婴儿的小手，我们能感受到他皮肤传达的娇嫩和温暖，在他无意识地握紧我们手指的时候，我们的心里也变得柔软和宁静。这些所感所知，全部都是神经元在起作用。

神经元作为搬运工接收眼、耳、口、鼻、手这些器官的信息，之后的传递过程就像长城点燃了烽火台一样，一个接着一个，最后传到我们的大脑。然后我们就会感觉到，哦，原来是这样一幅画面、这样一种味道、这样一段声音。

那神经元到底长什么样呢?

我们都知道一般细胞是一层细胞膜包着物质，就像一个装了水的气球。这个气球就叫"胞体"，就是细胞体的意思。而神经元除了拥有一般细胞的结构外，还从细胞体上长出了一根根的小触手，就像刺猬身上的突刺。这些突起的小触手叫作"神经突起"。刺猬身上的刺大同小异，但神经突起却有两种。一种突起长度较短，但数量较多，就像树林里的树木一样，所以我们叫它"树突"，它负责接收信息。另一种突起则明显不同，并且只有一根，它的名字叫"轴突"，负责发送信息。

在从外界到大脑的这一条长长的信息高速公路上，作为驿站的神经元之间怎么进行沟通连接呢？这就要说到第二个基本单元了——突触。

简单来说，"突触"就是轴突和树突接触的地方，它很像我们熟悉的关节。肘关节连接着大臂和小臂，膝关节连接着大腿和小腿，而"突触"就连接着一个神经元和另一个神经元。

介绍完几位主角，就可以模拟信息传递的过程了。一个神经元接收到了信息，传递给轴突，到了轴突的末端后，再通过一种神秘的方式传递给另一个神经元的树突，树突接收到信息再告知神经元中心的部分——胞体。这就完成了一次神经元间的信息传递。第二个神经元胞体一看，这样太麻烦，轴突直接把信息传给我也行，于是就建立了另一种信息传递的通道——突触传递。

当人的感觉器官接收到外界信息的刺激产生神经冲动进入大脑后,受刺激的脑细胞间就会形成突触,传递相应的信息。大脑突触高速发展的阶段,接收到的信息越多,所产生的突触就越多,反之,产生的突触就比较少。

俗语说,"近朱者赤,近墨者黑"。从生物学的角度看,脑细胞受刺激产生了"朱""墨"的突触,吸收到了更多的信息,自然做出了对应的反馈,造成"赤""黑"的结果。

婴儿出生的时候,已经具备了足够使用一生的神经细胞。但是婴儿的大脑机能无法跟成年人一样发挥作用的原因,就在于连接神经细胞与神经细胞之间的突触过于脆弱,而且数量也超乎想象的少。所以,婴儿大脑发育改变的不是脑细胞的数量,而是脑细胞之间的连接。脑部是不断变化的细胞网,每个细胞成长时与邻近细胞形成数千种连接,形成一个脑细胞互联网。

这个过程被总结为几个重要阶段。刚出生后,婴儿会迎来大脑突触形成的爆发期,在 6 岁的时候,突触的数量达到顶峰,之后突触的增长比较平稳。在 16 岁左右,大脑发育成熟,突触大约能形成 150 万亿个连接。

林琅圈出图片上的神经元,发现它们之间的差异极大。有的神经元异常发达,可以发散数百个突触,粗壮延绵。

可有的神经元只有少数树突，细若游丝。

"原来精神世界也有贫富悬殊的两极分化啊。"她的一句话逗乐了我。

大脑不断输入新的信息，对应的突触就会变发达，体积也会变大。如果任由突触自然连接发展下去，人类的大脑会因为"信息过载"而崩溃。届时人脑会冻结在6岁时期感官的超载中，永远不会长大。这种状态就像电脑同时运行太多程序而死机一样。

作家乔治·博吉斯想象过这样一个男孩："他有无限的记忆。所有的事他都过目不忘，无论过去还是现在的感官经历，都根植在他的记忆中。由于被细节淹没，无法忘却他所见过的瞬息万变的云彩的形状，他无法形成任何抽象的概念，因而无法思维。"男孩大脑崩溃后，无法感受，无法建立任何关系，或做出任何决定。他缺乏个性、偏好、判断力和激情，他不会有任何才干。

说到这里，林琅倒吸一口凉气，她说："月满则亏，水满则溢。"脑细胞发育也是这个道理。神经网络必须保持弹性，才能为新的信息预留空间。

为了保持最佳的信息传递与储存效果，大脑发育到突触巅峰的同时也会启动"用进废退"的原则进行神经元修剪。所谓修剪，是将神经元间不进行讯息传递的突触删除，如果这个神经元无法成为持续作用神经回路中的一份子，它会被毫不留情地删除。人形成长期记忆，或者学会某项技能，大脑相关区域神经元细胞的突触受体会增强，一遍遍的重复之后，受体会越产生越多，使得神经元对细胞递质更加敏感，即增强了神经连接。相反，长期不用，受体会减少，也就逐渐遗忘了，这其中包括与生俱来的视力。

"视力？"林琅惊呼。

"当然！"我说。科学家曾用猫做实验。在这只猫成长的特定时期，把它的左眼蒙上。那么这只猫左眼的神经系统就永远比右眼差。其原因就是脑突触的发展规律造成的。这是在猫成长的关键时期，左眼的视觉神经细胞突触没有得到良好的开发造成的结果。

林琅点头，说："难怪盲人的耳朵特别灵啊。这就像《孟子·尽心篇》所提到的，山径之蹊间，介然用之而成路。为间不用，则茅塞之矣！"

她找到对应的数据：成年人的大脑中，大约有一千亿个神经元，每个神经元与其周围细胞构成大约五千个突触连接。大脑每秒钟能够产生和删除一百万个新的连接。

她惊叹地说："人脑像一个复杂而精致的花园，每时每刻都有新的突触生长出来，自然也要修剪大量冗余的突触，才能把花园的状态维持到稳定的水平。但如此说来，每座花园都是不同的呀！"

当然，人们的生活经历、接受的教育、思维习惯各异，造成脑细胞突触繁衍千差万别。大量的研究事实证明，无论是在多么相似的外因环境下共同生活的人，其意识也都是不同的，即使双胞胎和多胞胎也不例外。

林琅有收藏木艺的习惯，她再次从中找到相似点，"'木头'也是我们人类对于各种各样被砍伐下的树木的一种总的通俗的抽象称谓，而它的具体种类却有很多，例如槐木、松木、桃木、梧桐木等。即使是同一种类的木头也是有物质成分、质量及结构等具体内在差异。"

是的。脑细胞网络决定了事物反映到大脑而产生的意识各异，正如不同的木头加工出来的成品风格各异，这是人类思想碰撞的根源。它是极具个性化的过滤器，挡在我们的眼、耳、口、鼻、手之前，对外在信息择优录取；促使我们只关注聚焦点，而对其他信息统一拒绝接纳；引导我们主观上仁者见仁，智者见智，客观上众说纷纭。

每个人的个性化理解方式

林琅在笔记本上记下重点，"脑细胞网络突触的强弱决定个人才干布局，它是精神过滤器，直接决定了人们对事情的理解方式"。

我举个生活中随处可见的案例。比如你和朋友们出去旅游，假设你有"体谅"的天生才干。你的精神过滤器会使你关注大家在旅途中的需求。你会提前准备好矿泉水、零食，以及必备药品。你对每个人都微笑和气，关注他们细微的感情变化。你自然而然地完成这些事情，并相信每个人都会这样做的。但事实是怎样的呢？

朋友 A 因为堵车迟到一小时才到集合地，获得众人的原谅以后还是深深自责。他坚持要承担全部饭钱，因为 A 的"责任"才干不允许他这么轻松地"放过自己"。

朋友 B 在打电话取消第二天晚上的篝火晚会，转而预定功夫茶表演。因为"统筹"才干让 B 关注细节变化，最新的天气预报提示明晚暴雨的概率很大，所以有调整行程的必要。

朋友 C 反对 B 取消篝火晚会，他认为这次旅行的核心就是体验特色篝火晚会。"完美"才干让 C 对这个环节异常重视，他建议 B 把篝火晚会提前到今天晚上，因为今晚不会下雨。

大家争论不休时，D 始终保持沉默。因为"审慎"才干让 D 专注思考两个问题，第一是如何婉拒 A 请客并平复他的愧疚心理。第二是 C 为什么对篝火晚会格外关注。在想明白之前，即使别人追问意见 D 也决不正面表态。

朋友 E 则保持笑容，每个人发表意见的时候都点头支持。无论是取消或者保留篝火晚会，E 都觉得非常合理。

看上去 E 没有主见，但其实"和谐"才干让他担心，如果出现强烈争执，会导致大家不欢而散。那才是 E 最不愿意看到的局面。

所以，在"过滤器"的加持下，人和人之间充满了神秘美感，也由此出现了各种沟通问题。比如我们用简单易懂的语言去说服别人接受想法，我们一遍一遍地动之以情，晓之以理，可是对方还是我行我素，与我们的苦心规劝背道而驰。难道是他心不在焉吗？还是抗拒呢？

这些疑问只要用脑细胞网络的角度去解释，就会清楚地知道他只是无法通过你的双眼看世界。他的"过滤器"不允许他这么做。他虽然理解你的词句，却看不见你的世界，自然感受不到你的焦虑和期盼。

这种困难就像是对一个天生失聪的人强调钢琴和手提琴的乐曲差异，对一个色盲的人解释春天的颜色，对一个恐高症的人描述一览众山小的愉悦。无论你描述得多么声情并茂，他们都无法与你共情。

林琅提问："难怪有句话叫'男人来自火星，女人来自金星'，看来人和人之间的精神差异完全就是两个星球之间的差异，沟通起来比登天还难呀。"

"那倒不至于。"我摇摇头。我们不会因为特性而完全孤立，共同的文化习俗、基因传承激活了我们为数不少的突触，这让我们的"识别器"有共通之处。所以相对于星球而言，我更愿意把脑细胞网络比喻为孤岛，看上去遥不可及，但海平面之下蜿蜒起伏的陆地却永远相连。

麻省理工学院教授史蒂文·平克在他的《头脑怎样工作?》一书中描述了一次著名的实验，其结果否定了断言文化背景不同的人个性迥异的观点。几位社会学家向新几内亚高原土著人展示了一些斯坦福大学学生的照片。每张照片都拍了一名学生的面部，每张脸上都有一种十分强烈的表情：快乐、爱慕、恶心或痛苦。社会学家接着请高原土著人说明形成每种面部表情的情感。尽管这些土著人从未见过照片，也不熟悉西方白人的面部特征，但他们都能准确识别每一种情感。这个试验证实，无论我们的文化传统、地域习惯多么不同，我们仍旧具备沟通的基础。

才干是培养优势的最重要原料

林琅明白过来，说："蔡老师您的意思是，用优势沟通，就是找到脑细胞中发达的神经元，发展出更多的突触。在两极分化的精神世界里，让强者更强。把才干锻炼成优势，达到有效沟通的效果。"她说话的时候眼神闪过一丝疑惑，指着图中"贫瘠"的神经元，说："那么为什么不去加强它们呢？化弱势为优势，十全十美不好吗？"

显然，林琅关心的是，在缺乏必需才干的情况下能不能发展出优势呢？

我提示她找到约翰·布鲁尔在《头三年的神话》一书中的文字：大自然为你成人后的学习发明了三种方法，不断强化你现有的突触连接（当你用相关的技能和知识完善一种才干时，你就在这样做），不断丢弃无关紧要的连接（当你专注于你的才干，同时听任其他连接衰亡时，你就在这样做），或者新建少数连接。三者中最后一种方法是最低效的，因为你的身体必须花费更多的能量，才能创造必需的生理基础（血管、整合蛋白等），以便建立这些新的连接。

林琅早年在家长的鼓励下参加过表演培训。即便林琅不具备"取悦"的才干，但她又希望让观众喜欢自己，这就是典型的想要化弱势为优势。所以我借用这次经历为她做一次深度剖析。

当年林琅通过培训熟记表演技巧，可是当她走上舞台的那一刻发现，它们统统失效了。

知道而做不到的原因，是大脑细胞网络主宰所有的决策过程。林琅每一次舞台表演，都是一系列小决定的综合体。例如，她站在舞台中央与观众的眼神交流方式、她肢体语言的张力、她的语速以及与观众互动的节奏。

培训课堂上教会她的技巧只是教条式的放松、微笑、手势,却不可能细化到每一个眼神、每一次呼吸、每一次举手投足。而恰恰是这些细化的选择源源不断地出现在她面前的时候,她无暇理性思考,只能做出下意识的反应。也就是说,即便她接受了培训,但大脑神经网络还是会寻找并且遵循阻力最小的路径,从最牢固的突触连接做出反应。这正是她的既有才干部分,它们不存在"取悦"观众的可能。一个小选择结束后,大脑会沿着该路径飞驰而下,不等她细想,新的决定又做出。这些小决定堆砌出她的舞台表现。

林琅听到这里,一拍脑门,说:"难怪我无论怎么苦练都不得要领。被老师嫌弃懒,被家长责备笨。原来这不是我不够努力,而是缺乏相关才干的原因呀。害我灰心了好久呢。"

她的表情让我感受到了她的深深遗憾。在努力却又充满挫败感的求学经历中,林琅绝不是个例。

对优势的根本检验在于我们能否持久地把一件事做得几乎完美,通过将才干定义为最牢固的突触连接。大脑神经网络在 16 岁以后已经基本定型,成人可以通过努力取得进步,却不可能让原本"贫瘠"的脑细胞发展强大。在不具备对应才干的情况下,化劣势为优势是不现实的。

回到上文你和朋友们旅游的例子。

你缺乏"审慎"才干,这导致你在生活、工作中常常出错。经过系列培训，你已经意识到应该关注事情的逻辑以及轻重缓急，你常常告诉自己一定要谨言慎行。然而，当一群朋友们把酒言欢，聊到职场秘闻、行业潜规则时，你本应该谨慎回应，却高谈阔论、随意揣测；你本应该观察入微，保持与大家的视线接触，却在微信上提醒导游安排地道的水煮鱼。

偶尔，你的理性思考能提醒你把高涨的情绪缓和下来，向大家问一些开放题便于自己观察、思考。但是即使如此，你的停顿往往有点过长，你的问题直言不讳。说到底，尽管你非常努力地想要"审慎"，但你的实际表现却总是笨拙和反常，收获的不是思路而是朋友们狐疑的眼神和嘲讽的语气，你涨红了脸感受到邯郸学步的尴尬。

林琅承认，说："之前我相信只要功夫深，铁杵磨成针。现在看来努力重要，但方向更重要。如果用错了地方，只有徒劳无功啊。"

无论我们是否承认，学习最大的代价永远是心理层面的。我们知道想要做好任何事情，都需要坚持不懈。但为了抵御松懈的诱惑，我们需要从进步中获得能量，然后继续进步，就像一场漫长的马拉松，坚持的最大力量来自不断接近的终点。

不幸的是，在缺乏必需才干的情况下，我们反复努力，以求在脑细胞网络内修补一个 16 岁那年断裂的连接。无论培训设计得多么精心，我们的动作都是生硬而怪异的。我们一练再练，却只会更迷茫，更沮丧，更不知所措。

相反，如果我们使用自身才干，就会产生与这种走投无路的困境截然相反的快感。才干不仅使我们自然而然，而且感觉良好。最强固的连接使信号传达、反馈双向急速流动。随之而来的成就感，就是大自然赋予才干一种内在的激励机制，确保我们渐入佳境。在某种意义上，才干是生命赐予的永动机，让我们以一种贯穿始终的方式对外部世界做出反应，直至优势的形成。

会说话
是本能，
说得
好
才是优势

第三章

如何找到你的优势

找到优势的两种方法

优劣势就像脑细胞网络图。虽然才干、知识和技能三者结合起来构成了优势，但才干对于优势的最终形成起到至关重要的作用。原因有二。

首先，每个人都有自己独特的才干，它能够适应不同的场景。如果我们中途改行，需要重新学习特定领域的知识技能，不管在哪个行业，我们内在的才干始终都在发挥作用。而且，知识和技能可以通过后天的学习和实践不断习得，但才干很难通过后天的练习习得，它受遗传和早期成长环境的影响，在16岁以后相对稳定、很难改变。借用人脑科学的研究成果，才干被比作是一个人从3岁到15岁所进行的大脑布线，一旦完成，将贯穿一生。

我们可能都没意识到，无论在什么情况下、在做什么，这种稳定的模式都不同程度地被调用出来。比如，我们总是能轻松自然地开始对话，总是能轻而易举地说服他人，总是能捕捉到事物之间的联系，始终拥有积极的人生观……这些"总是"和"始终"背后的模式，都是我们无意识使用的，甚至是经常被我们忽略的才干。这些才干能够助力我们把一件事做得出类拔萃，从而让我们在工作中脱颖而出。

第二，如果说知识和技能决定了我们能否做一件事，那么才干决定了我们能做得多好。也就是说，如果知识和技能帮助我们胜任工作，那么才干则会帮助我们真正形成近乎完美的表现和结果。盖洛普持续50多年的实证研究发现，做得最成功的人都是先从最突出的才干入手，再学习相应的知识和技能，加上刻意练习，从而利用自身优势取得最大化的职业成功。

大科学家爱因斯坦如果没有无时不在的好奇心，篮球运动员科比·布莱恩特如果没有从小到大的好胜心，苹果公司的创始人乔布斯如果没有创新精神……如果他们不是基于这些独一无二的才干来发展优势，无论拥有多少知识和技能，投入多少时间和精力，都很难持续地获得成功。对于我们普通人来说同样如此，只有基于才干不断地投入和精进，才能持续有效地打磨出真正的优势。

林琅完成这一阶段的总结以后，很自然地又提问："怎么找到优势呢?"

"找到优势的方法不外乎两种：测评、找教练。"，我说。

优势识别器测试

显然，准确识别自身优势的最好办法就是在一段较长的时间内持续观察自己的行为和情感。但就像诗里说的那样，"不识庐山真面目，只缘身在此山中"。绝大多数人很难跳脱出来，从客观的角度对自己进行分析。就像我们每天透过镜子整理仪容仪表，却极难看见自己的精神世界。

所以我们要借助优势识别器这个工具，用于自观、自省、自知，而后才能自控、自学、自信。

优势识别器是运用成功心理学原理评测正常人格特征的网络评测系统。它是首个专为互联网开发的评测工具。优势识别器为测试者提供了180组选择题。每组题包含一对描述语，比如"我认真阅读说明"与"我直接开始做事"互相对照。这些描述语就如同一个统一体的两个极端。参与者从中选择最适合其自身情况的描述，并选择描述的精确程度。

简单说，优势识别器测试帮助我们提高观察自己的分辨率，它捕捉我们的选择，再分析它们，揭示主导行为模式，继而总结出最大的优势领域在哪里。

如前文所述，在现实世界里，我们对所遇情形的自发反应有助于揭示才干。优势识别器再现这一过程，它通过给我们大脑细胞刺激，提供若干可能，再根据我们的反应得到五大主导才干主题，即标志主题。

这些才干主题可能尚未成为优势，但都各自代表一种思维、感觉或行为模式——其中蕴藏着一个优势。测试结束后，测试者会得到一份关于标志主题报告以及 34 个才干主题的辅导，对每个主题都有详细描述，并附有具备相应主题的人的语录。

如何完成优势识别器测试？可以点击盖洛普优势识别官网按照提示操作。优势识别器测试将先展示一对陈述作为例子。其后，就会出现正式的测试。

需要强调的是，人类最强大的才干将会始终过滤世界，这个特质促使我们以某种贯穿始终的方式做出反应。

优势识别器测试揭示的每个标志主题都蕴藏着建立优势的希望，它们是我们洞悉自己的基石，引领成功的起点。

优势教练的指导

读到这里，林琅说："这本书上介绍的只是在线测试才干，还是容易出现偏差。"

"当然,所以一定要结合优势教练的指导,这样才能最准确快捷地找到自己优势。"我告诉她,作为优势教练,我一般会先引导学员做自我观察,我将这个步骤命名为"优势问答会"。

第一部分:"测"+"听"

我会帮助学员从三方面展开:

1. 命名它

1)看完优势测评报告的总体感受是什么?

2)我们对报告表现的哪些才干/解释有共鸣?

3)我们最喜欢哪一个才干?对哪一个才干的出现最感到意外?

4)哪一个才干常常给我们/周围人带来爱或痛?有没有发现,核心才干彼此之间是有关联的?

2. 主张它

1)这些才干过去曾在何时/哪些方面帮助我们取得成功?我们想起哪些生活中运用这些才干的经历?

2)在生活工作中有哪些事是我们真正擅长的?在这些事情中,我们都运用了哪些才干?(优势教练帮助对方提炼)

3）还能说出更多特别能体现我们某个才干的故事吗？

4）能说出一个巅峰时刻/成就事件吗？在这段经历中，我们是如何运用自己的才干的？（优势教练帮助对方提炼）

5）这些才干有哪些价值？为我们做出过哪些贡献？

3. 追求它

1）我们希望哪个才干得到更多的使用？打算如何使用？

2）如果能更好地利用我们的才干，我们的生活和工作会发生哪些改变？这些才干的进一步使用需要得到什么样的支持？当前我们最重要的目标（挑战）是什么？

3）我们可以怎么运用这些才干来达成目标？

4）我们的下一步计划是什么？立刻想到要去做的是什么？

第二部分："问"＋"照"

"问"，从S（成功事件）出发。

S：（成功事件）我们平时在做什么样的事情，会觉得特别得心应手，很容易成功、得到好的结果、获得积极反馈？

I：（直觉渴望）我们从什么时候开始发现自己在这方面有些天赋？在做这件事之前，我们就很渴望去做、去尝试吗？是从很小的时候就开始很擅长、很渴望吗？

G：（进入心流）在做这件事的过程中，我们通常有什么感受？

N：（事后满足）完成它之后，我们有什么感受？体会到什么？为什么会有成就感？还有什么事情是我们得心应手、很擅长，很容易成功、获得好的结果，获得积极反馈的？

"照"

1）在别人（同事、家人、朋友）眼里，我们做什么样的事情总是特别拿手？

2）别人经常会怎么夸我们？在他们眼里，有哪些事情是我们特别擅长的？

3）他们通常是怎么评价我们的？我们怎么看待这些评价？

其他

1）还有吗？还有什么是我们想分享的？

2）我们的梦想是什么？

3）坚持做这件事对我们有什么样的意义？

巅峰故事问题列表

常用问题

1. 环境行为

1) 当时我们的目标是什么？

2) 我们当时面临的最大挑战、困难是什么？

3) 为了达成我们的目标，我们当时做了什么？

4) 我们当时除了……，还做了什么？

5) 哪些条件或环境的满足促成了我们的成功？

6) 哪些人的支持促成了我们的成功？

2. 优势挖掘

1) 我们觉得自己是一个什么样的人？

2) 在这个故事中，我们最欣赏自己的是什么？

3) 如果一位多年好友在这里，他会说我们最令他欣赏的地方是什么？

4) 如果一位支持我们的师长在这里，他会如何肯定我们在这段经历中的努力？

5) 如果一位疼爱我们的长辈在这里，让他感到欣慰的会是什么？

6) 在这段故事里，与我们接触的人给了我们什么反馈？

7）在这段故事里，我们做的哪些努力是最让自己满意的？

8）在这段故事里，最让我们感到得心应手的部分是什么？我们是怎么做到的？

9）在这段故事里，最让我们自豪的成就是什么？我们是靠什么（怎样）做到的？在这段故事里，最让我们乐在其中的部分是什么？这段故事里的什么，让我们这么有成就感，至今印象深刻？

3. 角色/身份

1）在这段故事里，我们最重要的角色/身份是什么？

2）在这段故事里，我们最重要的贡献是什么？

3）在这段故事里，不论成败对错，我们最不想放弃的是什么？

4）在这段故事里，不论成败对错，我们最不后悔自己做了哪些事情？

5）经历这些艰难险阻的时候，是什么让我们一直坚持、执着，没有放弃努力？

6）在这段故事里，始终支持着我们朝向目标（理想）迈进的力量是什么？

7）我们觉得让这段经历成为我们的巅峰故事的最主要的原因是什么？

8) 在这段故事里，最让我们感动的是什么？

9) 在这段故事里，我们最感谢当时自己做了什么，为什么？

10) 在这段故事里，我们觉得最对得起自己、最问心无愧的是什么？

11) 现在的我们，最想对当时的自己说什么？

12) 如果我们应邀给年轻的朋友做演讲，讲到这段故事，我们觉得最有用的人生智慧是什么？

13) 我们当时抱着一个什么样的目的和信念？

4. 愿景

1) 有没有想过，五年后的自己会是什么样子？

2) 有没有想过，十年后的自己会是什么样子？

3) 活成什么样的状态，我们会特别满意？

4) 我们最大的心愿是什么？

5) 如果十年后的我们，经过努力达成了自己所期待的理想目标，那时的我们和现在有什么不一样？

有力发问问题的梳理：

使用有力量的问题引发来询者深思、打开、顿悟，恰当使用这些问题，将给辅导过程带来奇妙的化学反应。

六大问题

1. 成果问题

1) 我们做了什么，会认为我们的教练是有效的？

2) 我们希望达成什么样的目标？拿到什么样的成果？

3) 这些变化是我们想要的吗？

2. 差异问题

1) 这样的思考或行动给我们带来哪些不同？

2) 当我们这样思考或行动的时候，和之前有什么不一样吗？

3. 度量问题

1) 如果非常满意是 10 分，极度不满意是 1 分，现状是几分？

2) 如果提升 1 分，是什么情况？

3) 还要做些什么，才能提升到 8 分？

4. 例外问题

1) 什么情况下这个困惑对我们的影响会小一些？

2) 困惑强烈的时候，我们在想什么，做了什么？

3) 是什么让我们没有变得更糟？

5. 奇迹问题

常见的奇迹式问题有以下三类。

（1）时空转换

1）如果我们遇到了 n 年后的自己，那时的我们更加成熟、更加富有智慧，会对现在的我们说什么呢？

2）如果现在是 2050 年，我们一起来回忆 30 年前，你立刻会想到的是什么？

3）如果我们回到了 n 年前重新开始，我们会怎么样？

4）如果我们现在在 n 年后，我们将会体验到什么？

5）如果我们置身于我们最向往的那个山谷或者原野，会对自己说什么？

（2）视角转换

1）如果此时我们最尊重（欣赏）的人站在我们的面前，他会对我们说些什么？

2）如果我们的领导站在这里，他会怎么评价（赞赏）我们？

3）如果整个公司是我们在负责，我们会做些什么？

4）如果我们是这个团队（项目）的负责人，我们会对自己此时的表现怎么评价？

5）我们内心是不是有个声音，觉得自己……？

（3）奇迹发生

1）当我们按下回车键的一刹那，我们变成了我们梦想的样子，我们看到了什么？我们听到了大家如何评价我们？

2）如果我们一觉醒来，所有的问题或困惑都解决了，那是因为发生了什么？

3）我们早晨打开房门，发现门口有一堆材料，正是我们想学习的，神奇的是我们只看了一遍，就全都掌握了，这项知识的欠缺不再挡在我们前进的路上，我们会怎么做？

4）圣诞老人在我们的袋子里放了一张纸条，这个纸条上清晰地写着我们该怎么做，我们看到这个纸条上写的是什么？

5）如果我们是这场沙龙的策划人，我们觉得哪些才干会帮到我们？

6）我们走进一个小屋，小屋里面记录了我们从出生到现在所有的点点滴滴，我们看到了什么？

6. 应对问题

1）过去遇到这样的事，我们是怎么应对的？

2）面对这个问题，我们想了、做了什么？

3）挑战这么大，我们是怎么做到的？

结合在线测评以及优势教练指导以后，就可以找到属于自己的才干了。我为林琅完成了整套优势测评，评定她的五大才干分别为学习、前瞻、理念、分析、和谐。

林琅来回扫视这五个词，又惊又喜。她找到了优势说话的训练方法："第一是把才干发展成优势。找到学习、前瞻、理念、分析、和谐所对应的工作方向或者环境，让自己能施展所长。第二，重点学习拥有这五种才干的人是怎么说话的。这样学习起来会比较快。

几千年来，我们一直强调教育要因材施教，但其实更重要的是有的放矢。看到林琅能理解到这一步，我非常高兴。

我启发她继续往下拓展，既然已经知道方向了，要怎么落地呢。她能找到学习、前瞻、理念、分析、和谐所对应的工作吗？能找出对应的成功人士或者名人作为学习对象吗？

这个问题直接让她呆若木鸡。她蹙眉想了很久，居然一个都想不出来，都快要急出汗了。我听到她嘀咕了一句："完了，白学了。"

我不由地微笑，有句话叫"理想很丰满，现实很骨感"，学习优势说话最困难的就是找到落地的方法。太多的人到了这一步就陷入学习的瓶颈，遭遇巨大的心理落差。我把这种感受比喻为"辛辛苦苦学会屠龙术，却到处找不到龙"。

而实际上优势说话当然不是屠龙术，它体现在我们工作和生活的方方面面，它在思维中穿梭，它在言语间表达，它在呼吸中流淌。让林琅困惑的并不是其本身，而是衡量它的维度。

此刻，林琅在大屏幕前走来走去，看着面前的 34 种才干：成就、统筹、信仰、公平、审慎、纪律、专注、责任、排难、适应、关联、伯乐、体谅、和谐、包容、个别、积极、交往、分析、回顾、前瞻、理念、搜集、思维、学习、战略、行动、统率、沟通、竞争、完美、自信、追求、取悦。

林琅直咂舌："34 种才干全部是抽象的泛称，很难与现实中的个体结合起来。最重要的是，从字面上看，它们有很多相似的地方呀。您看和谐与包容、回顾与分析，是不是难以区分呢？"

在她眼里，才干不但数量多，而且容易混淆。这种感觉就像，开学第一天小学班主任看见教室里有 34 个孩子互相推搡、叽叽喳喳，有几个还是双胞胎。

那么，班主任做的第一件事会是什么呢？

林琅不假思索地回答我："当然是分组排座位啦。"

是的。经过分组排座位以后，乱窜的小朋友就会找到自己的位置，而班主任则可以根据组别来做个大致区分。

同样的道理。为了给初学者提纲挈领的引导，我将这些抽象的概念全部分门别类。以对事/对人、积极/被动为维度，将 34 种才干分为四组。并落地为切实可见的行为特征、工作方向，以及沟通技巧。把初学者心目中的"龙"变成现实中随处可见的飞禽走兽、草木萤火，让虚无缥缈变得触手可及。

我在黑板上写下"优势四象限"几个字。

优势四象限

我一边画下横竖两轴，一边告诉林琅："优势四象限认为，任何一个人的优势，都可以通过两个维度来锁定"，如图 1 所示。

第一个维度，研究的是你更擅长对人还是对事。

你可以回想一下，你平时更擅长和人打交道，还是更擅长跟事打交道？你更擅长对着电脑、文档、流程图来工作，还是对着人工作呢？

你通过跟人打交道，得到的价值大，还是在单位时间里，你通过跟事打交道，得到的价值大呢？

第二个维度，研究的是你的处事风格是直接还是间接。

比如你的老板对你的工作是直来直去地评价，还是委婉地提醒？如果你的老板是个很直接（快）也就是通常说的"急性子"的人，那你在汇报工作时，就要直接切入要点，否则他会觉得你浪费了他宝贵的时间；但假如对方性格平和、待人宽容，那你在和他沟通时，就最好"三思而后语"，避免由于言语不当而产生隔阂。

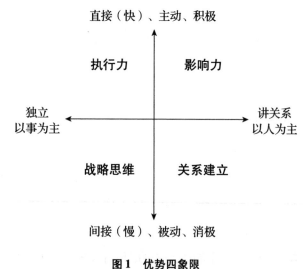

图1　优势四象限

林琅随着我的叙述，同样在笔记本上画了四象限，说出自己的理解。

第一个维度，看这个人的焦点是任务导向，还是人际导向。如果是任务导向，他谈的大部分是与事情有关的，表情会比较严肃一点；如果是人际导向，他会比较愿意与人分享和沟通，表情也会相对丰富一些。

举个例子，假设你是幼儿园的园长，现在听见老师说，小朋友们打架了。如果园长想进一步了解情况，问的第一个问题可能是什么呢？

"为什么打架"还是"有没有受伤"？

这就是两例不同的导向。问"为什么打架；处理得怎样；上次开会已经强调过了，怎么又发生了"这类问题的，是比较关注任务的。

相对来讲，问"小朋友有没有受伤，其他小朋友什么感觉，家长什么反应"的，是更加关注人际的。

第二个维度，直接（快），还是间接（慢）。有些人是比较快和主动的，有些人相对来讲是比较慢和被动的。

举个例子，假设你现在已经是领导，员工小欧最近表现特别不好，你打算好好跟他谈一谈。

有两种谈法，第一种谈法很主动，单刀直入："小欧，你搞什么！你这种工作态度公司不能再留你了。不想干就不要干了。"

第二种相对被动："小欧，你是我亲自拍板招进公司的。你工作这几年，勤劳肯干，大家都说我有眼光。但最近你的状态有点变化，这让我们都很担心。基于关心你、爱护你、帮助你、协助你的目的，能不能告诉我们发生了什么？"一直很委婉、很间接，缓缓切入核心。

通过两个维度的判断，可以把 34 种才干分为四大类——执行力型、影响力型、关系建立型、战略思维型。

现在它们都被整齐有序地划分为四大组。每组性格迥异、特征明显，很容易就能区分出来。

而我们学习优势说话的时候，可以先按图索骥找到对应的组别，根据里面的指导，进一步找到自己对应才干的提升方法。

林琅恍然大悟："这就像图书馆，数十万册的书被分好类放在书架上，查阅起来就非常方便。"她停顿了数秒，突然又说："优势四象限其实就是个'识人象限'呀。它除了能让我们找到提升方法，还能帮助我们快速分辨别人的特质！真是一举多得呀。"

我赞许地点头，人生重要的不是走最好的路，而是走最适合的路。优势四象限的指引，目的不是为了了解对方、掌控别人。而是为了了解自己，了解周遭亲友、同事、伙伴不同的行为属性。

只有这样，才能认识、接受、欣赏别人的优点，从中得到共识和找到相处之道。解决不同属性的人因认知差距所产生的误解及冲突。

林琅比对着四象限开始对号入座，她看着自己的五大才干——学习、前瞻、理念、分析、和谐，在战略思维和执行力两个象限画了个圈。我告诉她，绝大多数人的才干都会分布在两个象限，可以先根据优势集中的象限入手进行提升。她点点头，在战略思维组又画了个着重号。

为了便于林琅快速掌握四组的特征，我举了一个最简单的案例——公司开会。

1) 通知与会人员的事情应该让影响力组去做。原因是执行力组性子太急说不清楚具体情况；关系建立组太容易妥协，把责任揽在自己身上却召集不全人；战略思维组可能太过仔细。

2) 应该让关系建立组最先发言。原因是如果别人先发言了，关系建立组只会附和别人，不愿说出自己的不同观点；执行力组先发言，会觉得没什么可说；影响力组先发言，会不着边际，离题万里；战略思维组先发言，会很有条理、很严谨，他说完了别人没什么能够补充。

3) 最后总结应该让战略思维组做，原因是执行力组觉得没啥可说，影响力组逻辑性差，关系建立组会刻意迎合所有人。

4) 如果会议时间较长，最先不耐烦的是执行力组；如果发生分歧，战略思维组会提出最快的解决办法，比如举手表决；如果发生争论，关系建立组会出来平息，要争论双方各退一步解决。

5) 会议结束，乘电梯下楼，最先跑进电梯的有可能是

执行力组和影响力组；战略思维组最可能会去计算
多少人上来不会超重；而如果超重，关系建立组最
有可能退出电梯。

6）下楼后老板说出去吃饭，最先提议去哪里吃的是影
响力组；最有可能提出异议的是战略思维组（原因
是太理性，会提出去××饭店有什么不好的地方），
关系建立组一般是去哪里都无所谓。

听到这里，林琅的眼神都亮了："天哪，我简直就能看
见这四组类型的人活生生地在眼前啦。"

我告诉她，刚才还只是案例，接下来会给她展现真正
的优势识别"操作宝典"。

第二天是我的优势说话专业课。课堂上会有近百位同
学和嘉宾，当然也聚齐了 34 种才干的代表。我会让他们在
课上逐一分享用优势发声的案例，让林琅看到优势四象限
的特质以及如何在工作和生活中切实提升沟通力。

"太好了。"林琅听说有这么好的机会，眼里充满了期
待，恨不得立刻就能到课堂上旁听。她在笔记本上记了这
么一句话：光说不练假把式，实践出真知。她还特意画了
几个惊叹号。

她的样子，像极了当年刚接触优势训练的自己。

第二天上课的时候，林琅早早就坐在第一排正中央的

位置——"学霸"专用座上。她在笔记本上手绘了一座冰山，并备注冰山理论：

优势说话就像是冰山，语言表达部分只是水面上的20%，而真正决定其水准的是水面之下80%的优势。

她写了一大段评论：

长期以来，学习各种说话、演讲技巧事倍功半的根本原因在于舍本逐末。我们只看到各种口才好的人，却看不到真正决定口才的优势所在。就像我们只看到海面上各式各样的冰山，却忽略了海面下的主体，那鲜为人知的重量决定了冰山的质量。

会说话
是本能，
说得
好 才是优势

会说话
是本能，
说得
好 才是优势

第四章

执行力先发制人

执行力，爆发力

优势四象限中执行力组的成员有成就、统筹、信仰、公平、审慎、纪律、专注、责任、排难。我们可以从多个维度粗略了解该组特征。

这组的小伙伴都擅长"做事"，从 1 到 N，能够将想法落地，并将其变成现实。同时他们还懂得如何让事情有效向前，促进其正常发展。那拥有执行力才干的人如何运用自己的优势发声呢？

1）以务实、踏实的语言风格来推进事情的实际进展，让团队工作进程步步向前。

2）朴实、不加修饰的言语更能体现此类才干的特质。语言朴实无华，但句句是珍宝，就是最好的诠释。

3）团队工作落地的执行者。在纷繁的时代，"平淡才是真"更是这类才干独有的魅力。

介绍完执行力组的共性，我再邀请对应的优势学员上台分享。这样林琅就能清晰地把握每种才干的个性。

成就派的执着

盖洛普优势理论这样描述拥有成就才干的人：

你的成就才干说明你的内在动力，它表明你始终渴望有所建树。你感到每一天似乎都是从零开始。一天结束时，你必须获得某种有形的成果，如此才能感觉良好。你所谓的"每一天"指的是所有的日子——工作日、周末、假日。无论你多么需要歇一天，但如果这一天你无所事事，你就会感到不满意。你体内有团烈火在熊熊燃烧。它促使你多做事情、多出成果。完成一项任务后，这火会暂时减弱，但很快重新燃起，推动你朝下一个目标努力。你对成就的不懈追求或许缺乏逻辑，甚至漫无边际。然而，它将伴随你一生。作为一名追求成就的人，你必须学会与这种隐隐的不满足感相处。它给你动力，使你能长久工作而不知疲倦。它不失时机地使你奋起，去迎接新的任务和新的挑战。它为你输入充沛的精力，帮助你为你所领导的班组设定工作进度和业绩指标。

具有成就才干的学员张凌走上讲台分享沟通案例。他是企业管理人员，热衷于各种目标和挑战。他说话大声、手势夸张、眼神有力、步伐坚定。此刻他举着话筒的样子，也颇有领袖气质。

他分享了多年前说服员工马玉驻外的案例。公司组建甘肃分公司，需要人驻守。张凌看中了马玉，但马玉家里条件优越，让他去甘肃当一个吃苦耐劳的业务"拓荒牛"，实在是富有挑战性。

张凌叫来马玉："你来公司也有三年了，有没有想往上走一步呢？"见马玉点头，张凌继续说："甘肃的市场份额一直不高，但是实际上那里是有着巨大潜力的。如果你能过去开拓市场，回来之后很可能凭着优秀的业绩，升任市场总监。要知道，最艰苦的地方才最历练人，才能做出更大的成果。而你的能力已经没有问题，现在只缺个证明自己的机会。"

听完这番话后，马玉当即立下军令状准备奔赴战场。

张凌描述案例的时候，表达的是他领导力的技巧。但在我看来，真正的核心恰恰是张凌的成就才干，他就像是一团火，让周围的人都能感受到光和热，并激情振奋。

有趣的是，马玉也是我优势演说课程的学员，如今他已经把甘肃分公司的业绩做到了第一名，并于上个月升任总公司的市场总监。

马玉表示，其实当年要调人去甘肃分公司的消息早就传出来了，所有的同事都避之不及。他也下定决心，宁可辞职也不会去甘肃。但他也不知道怎么了，跟张凌在一起像是被他的事业激情裹挟了一样，居然有种被洗脑的感觉，脑海中只有一个声音回旋："听张凌的，一定没错。"

我当场问马玉一个问题："如果其他领导来游说你去甘肃，你会去吗？"

马玉笑了："其实公司领导有很多，习惯满嘴跑火车，没有什么工作能力的也大有人在。除了张凌以外，其他人说破天我也不会答应。大不了辞职嘛。"他撇撇嘴说，那些年创业趋势风头正劲，随便去一家咖啡馆，都会看到这样的情景：左手边是创业领袖，大谈O2O的未来趋势，移动互联网的风口浪尖；右手边是风投精英，大谈资本的风起云涌，翻云覆雨，随便一铁锹下去就是一桶黄金。朋友也会给他打电话，要共同"干一番事业"。可详细聊下来，马玉看到的是一个个虚弱的青年，他们在这阵创业飓风中被吹晕了头，他们以为自己是弄潮儿，但是不幸的是，他们不是。

从这些描述中，可以很清楚地看出马玉的独立和冷静。他并不排斥挑战，他排斥的是盲目跟风、投机取巧、缺少自知之明的做法。而张凌的成就优势，让马玉自然而然地杜绝了所有的顾虑。

说到这里，马玉握紧了张凌的手，一切尽在不言中。

其实，很多时候打动别人的不是语言，而是人格魅力。在马玉眼里，张凌就是那种永远不会置身绝境的人。无论经历多少困难、多少艰辛，张凌的心里总有一颗希望的种子，他会让自己和身边人的生命都充满阳光。

所以，拥有成就才干的人，自带"只可意会不可言传"的力量，足以撼动任何坚如磐石的心。或者说，他们就像是登山者。外人眼里难以逾越的高山在他们的心里却并非不可战胜。登顶的渴望让他们的眼睛闪闪发亮，他们像"永动机"一样不知疲惫，奋力攀爬直到站在最高处的那一刻。当耗尽心力征服山峰时，他们没时间关心外界的喝彩和回馈，又极目远眺下一座高山。"对，就去那里。"他们转身而去，脚步轻快且心满意足。

拥有成就才干的人，永远都在路上。

统筹全局要素

盖洛普优势理论这样描述拥有统筹才干的人：

你是一名乐队指挥。当你面对一个涉及多种因素的复杂环境时，你喜欢设法管理所有的变数，将它们反复排列，直至你确信形成最佳组合。在你看来，此种行为毫无特别之处。你不过是试图琢磨出做事的最佳方案而已。然而，其他人由于缺乏这一才干，对你的本领瞠目结舌。"你的脑袋里怎么能同时装这么多事情呢？"他们会问，"你怎么能保持如此灵活，如此不假思索地放弃经过深思熟虑的计划，转而采取你突发奇想的全新方案呢？"你是高度灵活性的杰出代表。如果你发现一个更优惠的票价，你就会在最后一刻突然改变旅行计划。同样，你会绞尽脑汁，思考完成一个新项目的最佳人员和资源组合。你事无巨细，总在寻找最佳配置。毋庸置疑，形势越是变化无常，你越能出神入化。有的人面对不测，会一口咬定经过精心策划的计划不容更改，而另一些人则躺进现有的规则和程序中。你却不然。你奋身投入混乱的局面，设计新方案，搜寻新捷径，思考新合作——因为说到底，总有可能找到更好的方案。

新东方的创始人俞敏洪说，我们看到有气度的人很多，但是能成事的人却很少。这是因为做事的时候，很多人都缺乏细心，细心包括具体做事布局的细心，包括跟人相处时对人的感情关注的细心等。在我看来，俞敏洪描述的"能成事"者，正是具有统筹才干的人。

章涛是某杂志社的编辑部主任，他讲了一个在工作中遇到过的问题：按照总编的指示，编辑部推出了新的副刊，可是一连几期副刊都是在临近最后期限时完成，工期十分紧张，险些耽误了正式出版的时间。

为此，章涛和设计部主管老闫都被总编批评过好几次。章涛找到老闫，说："我觉得关于最近工期紧张的问题，咱们有必要商量一下，你看呢?"

老闫立刻倒苦水："我觉得编辑部可以把交稿时间提前一点啊，你们每次都是周四周五才交稿，周六周日又是休息日。可周一杂志就要刊印，时间太紧，我们设计部的员工经常需要周末加班才能赶上工期，他们有很多怨言呢。"

章涛点头听着，面露难色地道："闫经理，你说的这个问题确实很难解决。因为我们的记者出去采访必须按照客户和采访对象的时间安排，基本上都是周一到周三进行，所以我们能把交稿时间最早提前到周四的上午。这样你们设计部可以利用周四半天和周五一天的时间进行设计，如果还是紧张，我建议你们把周末的休息和周一互换。用调休的方式缓解时间矛盾。怎么样呢?"

章涛的提议让老闫连声称赞，难题也顺利解决。总编对他们这种精诚合作的态度非常欣赏，当即表示会为他们做好后勤保障工作，让他们放手改进流程，彻底解决了工期紧张的问题。

章涛总结道，统筹才干让他习惯把每一个任务涉及的环节都进行分解。像角色、环境、资源这些要素，他甚至会用"显微镜"的方式去放大。他时刻关注它们的变化并希望能把所有的变数都考虑到，力争有个最好的结果。

待他说完，有学员提问："章总，如果用一句话概括你的沟通方式，你会怎么说呢？"

"整合资源，物尽其用。而且要，"他顿了一秒钟，"随时随地。"

具有统筹才干的人，自带思维导图的"插件"，能将任务所涉及的每个环节都发散开来。

就像名将韩信对刘邦自荐时说的那样，韩信带兵多多益善。他们不光能身负重任，更能身兼数任，完成起来游刃有余。尤其在团队成员间的争议僵持不下时，具有统筹才干的人可以妥善化解矛盾。

虽然他们未必能够直接解决存在争议的问题，却能帮助大家找到达成共识的点。而这种共识就是可以促进团队有效合作的出发点。

信仰永不撼动

盖洛普优势理论这样描述具有信仰才干的人：

如果你有很突出的信仰才干，那你就会持有某些经久不变的核心价值。这些价值因人而异，但你的信仰通常使你关注家庭，乐于助人，甚至追求灵性。无论对己对人，你都珍视责任和伦理。这些核心价值以多种方式影响你的行为，它们赋予你的生活以意义和满足——在你看来，金钱和名望并不完全代表成功。它们为你指明方向，指引你排除生活中的种种引诱和干扰，朝着恒定的目标前进。这种恒定性是你建立所有关系的基础。你的朋友认为你为人可靠；他们会说："我知道你是什么立场。"你的信仰为你赢得信任，它还要求你从事与你的价值观相符的工作。你的工作必须有意义，必须"有分量"。因为你受到你的信仰的指引，所以你的工作唯有使你有机会实践自身价值观时才是有意义的。

我一直相信，信仰的力量是可以轻而易举感动人的。具有信仰才干的学员魏东开了一家汽车维修店，他分享了一个催款的案例。

在他店里常常会有客户维修完车子以后没有付款的现象，月底的时候他会安排员工带着账单找客户收款。

魏东讲到这里的时候，其他学员都在窃窃私语。大意就是"欠债的是大爷，讨债的是孙子"，就算魏东具有信仰才干，也不一定能帮助到他拿回钱吧。

魏东接着说，上个月的六份账单已经安排几位员工要过账了，但都没有要回来。他了解了一下原因，这几份账单都是客户持有异议的。主要是员工催款的方式有很大问题。他们一登门就说自己是来催款的，还跟客户强调，账期已经到了，客户如果再不付款就会影响自己在公司的信用等级。至于客户提出的质疑，员工们也坚决表示公司没错，客户不能以此为借口拖款。

"难道不是这样的吗?"学员们听到这里，表示如果自己是去催款的员工，也会这么说的。

魏东笑了笑，他说他相信客户都是重视信用的，他们不愿意付款一定是因为公司的服务环节出了问题。本着这个态度，他去找客户沟通，专心听取客户的意见，并详细记录在案。比如删减不合理收费项目、缩短修理时间。待到客户的情绪平稳下来，他已经清楚问题的关键所在。

他对客户说了以下两点内容:

首先，这件事处理不当，使您受到许多打扰，并给您的生活带来不便，这都是我们公司的不是，在此我深表歉意。

其次，听了您刚才的叙述，我深深感到您是个正直而有耐心的人。所以，这是您的账单，交给您全权处理，无论您的决定是什么，我们都会欣然接受。

一份三千元的账单此时摆在客户的面前，客户有两个选择:不付、部分支付。神奇的事情发生了，有五位客户选择全额支付账单, 只有一位选择八折支付, 而且全部都是当场支付的。更让人意外的是, 这六位客户都对魏东高度满意, 而且还分别介绍了其他的客户给他。

魏东告诉大家, 他相信客户都是诚心诚意愿意付账的。即便有例外, 也是极少数。而且, 那些有欺诈倾向的顾客, 如果你愿意相信他们是诚实、正直和光明磊落的, 大部分还是会做出善良反应的。

心中有爱、眼里有光, 拥有信仰才干的人, 就像个发光体。让每个靠近的人都能感受到能量, 而被赋能的过程中, 也不知不觉地接受了他的意见, 甚至选择和他一起发光。

因为沟通力发挥到极致, 一定是真诚、智慧和慈悲。

拥有信仰才干的人对于贴近内心的事情都怀有激情, 这种激情一旦与工作结合起来会立刻产生积极的效果。他们评判得失的标尺是内心的价值感, 只要价值感足够高, 他们完全可以在报酬极低的情况下, 投入高度的热情。相反, 如果他们认为价值感不够, 即便给予再优厚的物质条件, 他们也不为所动。在生活中, 他们可以随时随地与别人谈心, 传播信仰的观点。强大的号召力很容易激励他人参与其中, 这就是他们的高光时刻。

公平让人人有机会

盖洛普优势理论这样描述具有公平才干的人：

平衡对你很重要，你深知需要公平待人，无论其社会地位如何。因此，你不希望天平过于倒向任何个人。你确信这将导致自私自利而获得不公平的优势。你对此深恶痛绝。你认为自己是抵御这种倾向的卫士。与裙带世界截然相反，你深信只有在规则明确而人人适用的恒定环境中，才能发挥每个人的最大潜能。因为在这样的环境中，每个人都了解自己的期待，一切都可以预测并不偏不倚。一切都公平。在这里，每个人将有平等的机会施展才华。

提到公平，令人印象最深的就是名校的博士生导师廖泉。我们知道，博士生在核心刊物发表论文，一般都会把导师的名字放在第一位。可是廖泉却坚持把学生的名字放在第一位。用他的话来说，虽然他给论文提出了修改意见，但主笔的毕竟是学生。如果把自己的名字放在第一位，对学生来说很不公平。除此之外，他带领的学生团队研发的项目，署名一定会包括团队所有成员，因为他觉得只有这样才是正确的。

廖泉作为嘉宾来到我的课堂上时，有学员提问，"请问你有没有对学生发脾气的时候呢？"

"当然！"廖泉说，有一次学生弄错了实验数据，导致之前半个月的辛苦都白费了。他非常生气，准备把这个学生从项目组里面踢出去。但转念一想，自己在 25 岁的时候比他更差。

从那以后，每次遇到学生们做错事，廖泉就会对他们说："你犯了一个错误。其实，我以前也常常犯这种错误。人的判断力不是生来就有的，全得靠自己的经验。你现在比我在你这个年纪时要好多了呢。"

听到这里，学员们一片惊叹之声。的确，听别人指出我们的错误是不愉快的，但假如对方先谦虚地说出自己的弱点，我们就比较容易接受了。

廖泉说的时候，门外传来争执声。不知道什么时候走廊里多了一位外卖小哥，看样子已经在外面听了很久，正被物业的人呵斥着要求离开。

廖泉立刻走出去对物业人员说："麻烦您让他进来听课吧。每个人都有学习的权利。"廖泉邀请小哥走进来坐在前排。

小哥很不好意思，正值夏日，他的汗水浸透了外套。他一直说不能弄脏了我们的课堂，能站在外面听课就已经很感激了。

廖泉塞给他一瓶矿泉水和名片，"这是我的联系方式，以后只要有我的讲座，都欢迎你随时来听。"

廖泉是个同情弱者的人。他不愿看到有人因为生活中无法控制的情况而失去公平的机会。他还在母校——云南的山区小学设立奖学金，专门资助家境困难的女童。他觉得自己非常幸运有受教育的机会，可是有些家庭则不能，尤其是山区的女孩子，即便是经济宽裕也被剥夺了受教育的机会。他希望能尽力改变这种情况。

有学员听到这里，举手问道："廖教授，我可以加入你的奖学金吗？我也希望能为那些失学的女童尽一份力。"一瞬间，大半个教室的人都举起了手，包括那位刚进教室的快递小哥。

我忍不住举起相机拍下这幅感人的画面。有人说太阳是最公平的，可以把光芒撒到世界上的每个角落。但大地有丘壑，天空有阴霾，一定有角落会不见天日。可是用公平优势说话的人，总能像镜子一样，把光芒折射开来，让原本冰冷的空气骤然升温，让春天的风吹进每一颗跳动的心灵。

愿意为失败者加油的人常常成为照亮别人心底的光。具有公平才干的人，把公平当成毕生的信仰。即便宣布"坏"消息时，他们也善于帮助他人理解，并能从正向积极引导。他们会为自己的成功而感恩，也会把更多的视线投向弱势群体。他们非常清楚规则、政策和程序，并确保所有人都遵守它们。他们重视信用，而且言出必践，这在他们看来是一种平等的氛围，可以促进团队友好互动。

审慎细节可行性

盖洛普优势理论这样描述拥有审慎才干的人：

你为人谨慎，处世警觉，你是一个十分关注隐私的人。你深知世事难测，表面上一切井井有条，但深处危机四伏。你并不否认这些危险，相反，你把它们全部暴露在光天化日之下，逐一识别、评判并最终消除。就此而言，你是一个十分认真的人，你对生活的态度是有所保留的。例如，你喜欢提前计划，以防不测。你谨慎地选择朋友，并避而不谈私事。你避免过度赞扬别人，以免被人误解。如果有人因为你不如别人热情洋溢而对你不满，那就随他的便。在你看来，生活不是一场取悦的竞赛，而更像一片雷场。其他人如果愿意尽可以不顾一切地跑过去，你则不然。你识别各种危险，判断其各自影响，然后小心落脚，谨慎前行。

学员罗飞分享的时候，反复强调一句话——不做准备的任何沟通都是信口开河。尤其是在谈判过程中，很多条件都必须说得非常精确。撇开契约精神不提，在谈判现场，上有监控录音作为追溯证据，下有会议记录需要签字。所以谈判桌上的每一句话，都要承担相应的责任。

罗飞在商场这么多年，无论遇到多么强大的谈判高手，遭遇多么凶险的谈判环境。他总是会认真思考对方的每一句话，给出的每一个条件。所以在外人看来，他永远都是一副深不可测的样子。

有一次谈判，前期样品部分进行得很顺利，然而，在开始商榷具体条款时，就没有那么和谐了。针对利润分成的问题，对方代表问罗飞："您怎么看呢？"罗飞笑了笑说："再想想吧！"这句话让对方丈二和尚摸不着头脑，再加上罗飞看不出任何心理活动的表情，对方代表更忐忑了。

对方代表说："罗总。这个东西都是要落实在条款上的，如果您不满意就说，我们一定会认真考虑。要不，把我们的利润再降两个百分点如何？"

其实，罗飞已经测算过价格，即便不降价也能接受。但他在谈判之前已经精心测算过所有可能发生的变数，包括对方由于市场遇冷而急于抛售的紧迫性。所以，他才不显山不露水地抛出一句"再想想吧"，让对方自乱阵脚。对方代表果然中招，主动降低两个百分点。

我们知道，在沟通技巧中，有一项叫模糊用语。就是拿不准的事情，与其说得过于精确被人抓住把柄，不如使用模糊语，等到对方提出来时再确定。尤其是在交谈中，使用模糊语还能让对方心生忐忑，也许会因为紧张而透露更多的信息，甚至主动让步。

很多人因为心直口快，一下子就透出底牌。而具有审慎才干的罗飞，自带"模糊用语"体质。他不但可以什么都不说，而且没有任何表情，这样给对方十足压力的同时，还能将局面控制在自己手中。

罗飞在优势演说课上的分享引起了很多同学的兴趣，"那如果没有足够的时间让您预设应对方案怎么办呢?"有学员提问。

罗飞说："那就沉默。"

沉默是金，通过适时的沉默，不但避免了与对方发生无谓的争执，而且还可以腾出精力和时间来更好地聆听对方，从而可以捕捉到更多的细节信息，了解对方的真实意愿，找到解决问题的方案，从而一击即中。

由具有审慎才干的人带领的团队，很少会出现大的"变数"导致土崩瓦解。因为所有可能出现的变化，都被他们提前考虑到了。他们所有的决定一定是深思熟虑后的结果。他们是务实派，在别人侃侃而谈、奇思妙想的时候，他们总是会跳脱出来思考一个问题——这一切该怎么实施呢？他们时刻在权衡各种可能，评定风险，测算成本，他们的质疑为项目达成打下坚实的基础。在团队项目推进过程中，他们还会不断复盘，提升保险系数。

审慎者，大智若愚也。

纪律是控制前提

盖洛普优势理论这样描述拥有纪律才干的人：

你的世界必须可以预测，必须井井有条、规划有序。因此，你本能地将你的世界规范化。你建立日程，制定时间表，规定完成任务的日期。你把长期项目分解为一系列具体的短期计划，然后锲而不舍地逐一实施。你并不一定整洁有序，但你确实要求精确。面对生活中内在的混乱，你需要控制感。别人由于缺乏这种才干，有时可能厌恶你建立秩序的需求，但这未必导致冲突。你必须了解，并非人人都像你一样渴求预测，他们自有其做事之道。同样，你也可以帮助他们理解甚至赞赏你对规范的需求。你讨厌意外，憎恶失误，建立规则，注重细节——所有这些无须被视为意欲束缚别人，而应被视为你的一种本能的方法，旨在摒除生活的诸多诱惑，确保进步和效益。

纪律才干突出的人，经常被贴上"按部就班"的标签。在职场中，很多人都经历过文山会海的困扰，一周十余次的会议，几乎没有一次不跑题的，每次开会的时间都在两小时以上。既解决不了问题，又耽误了时间。

比如主持人开场先抛出一个议题是下一年度的任务指标。可没有说到两句，就绕到加班情况，紧接着就是工作量加大需要增加新人。再后来不同部门的主管为了第二年的新人安排开始争执起来，有人认为增加新任务一定要多派人手，否则根本完成不了。领导为了终止话题，说到工作效率低下、人浮于事的情况，一定要提高工作效率。此言一出，各部门又纷纷表示工作任务书上的每一项内容都涉及绩效考核，厚此薄彼的下场就是扣分扣奖金，员工又要怨气冲天等。

又或者是，一位同事发言的时候，经常是自己讲了一大堆，别人却不知道他想说什么。而且，发言者在谈一个问题时，会引出许多其他问题，最后逐渐偏离了主题。有时，他会顺着别人的思路，有时又会拉回到自己的议题，说话有些飘忽，思维更是跳跃。

所以在这样的发言中，会议越拖越长，拖过了午饭、午休时间，又拖到下班，让人心力交瘁。遇到这种情况，如果由具有纪律才干的人主持会议，就会好很多。

周桐就是这样的人，只要是他主持的会议必定简洁高效。他的思路是，说话偏离主题，看起来是说话的问题，其实是心理状态的问题。如果员工们有情绪要表达，肯定是要先宣泄再说事，比如你心里窝火，说话的目的一定不是说服而是否定，就会用证明别人有错的方式打压别人，这样你心里憋的怒气才能宣泄出来。

那么周桐是如何解决会议"跑题"的呢？他首先会弄清发言者想了解的重点是什么，如果不清楚就反问别人到底想问什么。

其次，要注意与对方互动，不要只顾自己表达。在谈话中，大家都想表现自己的知识面和逻辑面，这可以理解，但是一定要随时保持互动，这样可以防止一个人一直说话而偏离话题。

最后，当一个话题讨论完毕或达成既定目标，就要及时向下一个议题推进，避免过多无关紧要的牵扯。新的问题则留待会后解决，或者如有必要，可以在流程的末尾临时加一环节，也可以另寻时间、另设会议。

在会议结束之前，周桐会做总结，将达成共识的行动点复述一遍，以消除误解。简单说就是明确谁该做什么、什么时候完成以及如何评价成果。这样可以帮助与会者带着对自己行动计划的思考离开会议。

除了会议之外，周桐在与客户的交流过程中也一样能把控节奏。他总是一开始就先抛出答案，答案中会有很多需要解释的地方。但他不会过多解释，先稳住对方，等对方提问他才解释，问什么解释什么。另外，他坚持用简单通俗的话讲述复杂高深的事。对方不说专业术语，他就不会说。

因为他认为有很多所谓的专家学者经常故弄玄虚，把一些简单概念搞得云里雾里，以显得自己学识渊博，其实是在变相地转移别人的注意力。

分享到这里，学员晓宁想要现场给周桐出个难题。他是做农产品批发的，想用自己最熟悉的买菜场景让周桐展示一下沟通技巧。由周桐扮演卖菜人，晓宁则扮演挑剔的客人。周桐在面前的桌上放着几张纸，充作蔬菜。

晓宁说："现在时间很晚了，快要收摊了，你的蔬菜只剩下带辣味的辣椒。"他把"辣"字做了强调。

学员们笑了起来，想也知道晓宁肯定要买不辣的辣椒。

果不其然，晓宁一脸傲娇地走过去问："辣椒辣不辣?"

周桐没有回答辣或者不辣，而是说："想买辣的还是不辣的呢?"

晓宁回答："买不辣的。"

周桐说："怎么吃呢?"

晓宁说："炒鸡蛋。"

周桐说："炒鸡蛋，最好有辣味，炒出来才好吃。"

晓宁挠挠头迟疑了一下："好吧，那就买辣的吧。"晓宁直竖大拇指，叹服周桐的把控能力。

现在大家明白，周桐在卖东西的时候，层层递进地引导对方说话，却不直接回答对方的问题。他选择了解对方的需求，然后从自己的销售点切入，让顾客愉快地购买自己的产品。

最后，周桐总结说，沟通就是一个"场"，他所做的就是时刻把控全场。用各种方法，引导这个"场"的节奏、方向甚至气氛，最后达到效果的最大化。

控场，就是拥有纪律才干的沟通者的精髓，它让人具备能够洞悉任何变数的慧眼，能总揽全局，更能决胜千里。所以说，拥有纪律才干的人，实际上是完美主义者。他们总能找到因效率低下而导致的时间和金钱浪费的情况，然后建立系统或者程序以提高效率。在团队中，他们不但遵守秩序，更会创造秩序，还能确保其有条不紊地运行。他们比任何人都在意时间期限，收到任务的第一件事就是确定到期日，由此推算出工作进度表。他们会拟定每一步的计划，让所有人各尽其职。

专注锁定目标

盖洛普优势理论这样描述具有专注才干的人：

"我正走向何方？"你扪心自问。这一问题每天都萦绕脑际。在专注才干的指引下，你需要一个明确的目的地。没有它，你很快就会对自己的生活和工作一筹莫展。因此，每年、每月，甚至每周，你都在制定目标。这些目标如同罗盘，帮助你确定重点并进行必要的修正，以保持航向。你的专注才干十分强大，它迫使你进行各种过滤；你本能地判断某个行动是否有助于你达成目标，无助于此的便放弃。你的专注最终迫使你提高效率。但这种模式的另一面是，它使你难以忍受拖延、障碍，甚至是迂回。这使你成为一名极其可贵的团队成员。当别人开始向"有趣的"岔道溜达时，你会及时把他们带回正路。你的专注提醒每个人，如果一件事不能帮助大家通往目的地，那它就无关紧要，也就不值得为它浪费时间。

对专注最好的诠释莫过于股神巴菲特。巴菲特的私人飞机驾驶员曾经问他："如何才能成为像你一样成功的人？"

巴菲特说："你可以先写下你的 25 个目标。把你认为最重要、最想做到的五个目标圈出来。"

"然后呢？"

"把精力集中在这五个目标上，再也不要去想剩下的那20 个目标，那些都是你人生道路上的陷阱。"

我让这句话停留在大屏幕上。此刻，我发现学员冯雨眼中闪烁着泪光，她哽咽了半天才说她从这句话里看到了专注的自己。

　　冯雨大学毕业以后在一家外企做行政，待遇不错却按部就班、缺少挑战。似乎在入职的第一天就能预见二十年以后的自己。她决心辞职并在喜马拉雅平台上做心理咨询栏目。

　　刚进入平台的时候，她才发现自己只是个纸上谈兵的"赵括"。因为她除了具备专业知识以外，完全不懂声音录制、剪辑这些技能。为了尽快熟悉技能，她选择去一家短视频公司上班。两年以后，冯雨的月薪涨到了两万元。可她再次辞职，因为她这两年不但学会了视频、音频的剪辑，更熟悉文案的策划、节目的运营等。

　　现在冯雨的心理学栏目已经走上了正轨。在学员们热烈的掌声中，我把冯雨的座右铭投到了屏幕上——即便是中断也只是为了积蓄力量。

　　冯雨是个很瘦弱的女生，但讲到这里的时候，每个人都能感受到她坚毅的内心。有人问她："你既然做心理学自媒体，为什么又要来参加优势演说的培训呢？"

　　冯雨说："其实根据我的理解，优势演说的本质就是用优势输出。那么不光是说话还有文字、肢体动作、表情甚至行动。只要认清楚我的个人优势，我所做的心理学相关节目一定能更上一层楼。"

　　有学员说："其实目标就是沟通的目的，也就是说服对方。这个我们都有预期，但是执行起来就很困难。"

冯雨展示了一张射击的图片，很多参加过军训射击的人都知道，想要打中 10 环需要集气凝神、调整准星、计算角度等，差之毫厘，谬以千里。

说到这里，学员晓玲插了一句："我军训就打中了十环，可教练没算我分数。"全场狐疑地看着她，她接着说："教练说，打中隔壁靶十环不能算。"

哄堂大笑之后，大家对冯雨致以热烈的掌声。具有专注才干的人与人沟通，就像是射击，会让场合、角度、话题、气氛等全部都集中到靶心。前期的一切所作所为，都是为将来的沟通做准备，如此才能把他人百发不中的困局扭转为直击靶心。

目标即准绳。具有专注才干的人，时刻都在做排序。他们会制定计划并坚持遵守计划，并遵守做事的先后顺序。他们力图发现达到目标的最高效的途径，继而避免浪费时间和行动。在公司管理中，他们是无须监督也能坚持完成工作的员工。领导团队时，在项目陷入瓶颈期，所有人都停滞下来争论不休的关头，他能率领大家跳跃过去，拨正方向，继续推进。他们思考、行动、沟通的效率比一般人高很多，外人看来所走的"弯路"，可能正在为真正的目标做铺垫。

责任大于一切

盖洛普优势理论这样描述具有责任才干的人：

你的责任才干促使你在心理上对自己的诺言负全责。你一旦做出承诺，无论大小，你从感情上就觉得有义务将其完全落实。你的名声有赖于此。如果出于某种原因不能兑现，你会主动寻找其他途径给对方以补偿。道歉是不够的，托辞和辩解是完全不可接受的。你不做出补偿，就会寝食不安。你的这种自觉性，这种近乎走火入魔的行为准则，这种无可挑剔的道德标准，使你作为完全可以信赖的人而美名远扬。当分配新任务时，人们会首先想到你，因为他们知道你说到做到。他们很快就会向你求助——但你必须有所选择，从而避免因为乐善好施而变得力不从心。

说到责任才干的时候，大家七嘴八舌一通议论。有个男生说："责任太重要了。之前我姐和我妈吵架，让我做中间人，两个人各执一词，都说得自己跟祥林嫂一样，哭得一个比一个凄惨，我到现在都不知道真相……"

所有人哄堂大笑。我借这个机会介绍文静，一位极具责任才干的学员。

文静之前是我楼下理发店的理发师，我觉得她的技术很好，再加上人也和气，就充值五百元办了张洗头卡。但是一个月以后那家理发店就关门大吉了，我的五百元打了水漂。

类似的事情几乎每个人都遇到过，我也自认倒霉，可是当天晚上我就接到了文静的电话，"首先我要跟您道歉，我确实不知道老板会突然跑路。不过那张卡是我推荐您办的，我一定会负责任。目前我在朋友的店里帮忙，你随时都可以过来，我为您免费服务，直到把您充的五百元用完为止。"

时隔一个月，我几乎不记得文静的样子。但在那一瞬间，我对这个责任感爆棚的理发师充满了好感，愤怒的情绪早已烟消云散。随着后来的不断接触，我发现文静深得客户们的信任。这与她用责任才干发声，肯定密切相关。

文静也给学员们分享了自己的工作案例。她的学徒东东的工作是在店里帮客户洗头发、挂外套、端茶递水等琐碎事情。有一次客户说自己交给东东的外套里面的钱包不见了，抓着东东的胳膊要报警。客户情绪激动地在店里大喊大叫，18岁的东东被吓得脸色发白。

文静立刻出面安抚客户，查看监控后，发现另外一位客户穿着相同的外套，离店的时候又拿错了外套。最后被拿错的衣服和钱包都安然返回，事情也得到圆满解决。

　　这个案例引起了现场学员的不同声音："这件事应该店长来解决吧，不应该让你出头呀？"

　　"当然，"文静有些不好意思地笑了，"但我觉得东东是我的学徒，他在店里出了任何事情我都有责任。所以想都没想就把事情揽了过来。"

　　投我以桃，报之以李。用责任才干说话的人，自然能收获真诚和信任。从那天开始，东东对文静感激不尽。后来文静单独开店，在资金短缺招不到人的情况下，东东第一个跑过来对她说："文静姐我给你免费打工，多久都可以。"那一瞬间文静的眼泪都快要掉下来了。

　　小芬说话的时候，手部摆动较大，不小心打翻了讲台上文静的茶杯，水洒了一地。小芬还没有反应过来，文静就说："对不起，是我没有把杯子放好。"

　　显而易见，这种反应是下意识的，它的背后有极其强大的积极心态作为支撑，勇于承担责任，给对方留够充足的空间。这是一种宽容，但又不仅仅是宽容。

　　文静有句口头禅："我觉得自己是个超级幸运的人。一路上总有贵人相助，很多人求之不得的好运气，总是能降临在我的身上。"自助者天助。我想，她会一直幸运下去的。

　　具有责任才干的人，同时具有鲜明的道德标准。相对而言，他们不会为了物质利益而牺牲、逃避责任。他们在沟通过程中，常常透露出对项目有始无终的强烈反感，当承诺未能实现时，其力求妥善补救的态度，会赢得更多人的信任和支持。他们比任何人都希望了解工作进展，并建立对应的指标和目标以度量任务完成的效率。这样的表达方式，会聚集越来越多的追随者。

排难者的好运气

盖洛普优势理论这样描述具有排难才干的人：

你热衷排忧解难。其他人遇到困难时往往一筹莫展，而你却干劲十足。面对分析症状、判断问题和解决问题的挑战，你无比兴奋。你可能会寻找你过去遇到的问题并自信能解决。或许当你遇到复杂而陌生的问题时最为兴奋。你的具体偏好将取决于你的其他才干和经历。但可以肯定的是，你喜欢手到病除。判断故障、排除问题、起死回生，使你其乐无穷。你本能地感到，没有你的介入，这个东西——这部机器、这门技术、这个人、这家公司——很可能会停转。你修好了它，救活了它，使它重燃生命之火。或者用你自己的话说，你拯救了它。

迎难而上、愈挫愈勇、临危不惧，这些形容英雄的字眼，一直归属于具有排难才干的人。

具有排难才干的齐军是这样说的："高考报名时，因为看错时间而忘记了填写志愿，妈妈焦急得像热锅上的蚂蚁，我自己却很淡定。我依然抱着希望填写志愿，我网上搜电话号码，给校办打电话、网上留言。第二天得到录取回复时，我特别有成就感，觉得自己的危机处理能力很强。"

课堂上有人啧啧称奇。经历过高考的人都知道，填写志愿意味着什么。齐军18岁就有这么冷静的处理能力，真的太强了。

齐军做部门主管两年了，最近他发现几个年轻下属情绪不高，导致部门业绩下降。他看在眼里急在心里，决定请大家吃饭，了解一下情况。

在吃饭时，借着轻松的氛围，齐军问一位下属："最近工作怎么样？有没有什么事情需要我帮忙？"下属感到非常突然，也不知道齐军的真正目的是什么，便用圆滑的态度回答道："也没什么特别的，都是老样子。"

齐军顿时不高兴了，用嗔怪的语气说："现在不是办公时间，也不在办公室，有什么心里话，就大胆地说出来！"几位年轻下属对这位主管素来很有好感，见齐军态度恳切，便你一言我一语地倾诉起来。

原来，前段时间公司有一个培训项目，如果能够参加培训，工作能力会得到很大的提升，升职的机会也会大大增加，所以几个下属都很想去。可遗憾的是，齐军没有重视这件事情，也没有为下属们尽力争取，结果仅有的几个名额都被别的部门抢去了。

齐军听到这里："原来是为这件事，你们都没有到我这里来提申请，我还以为你们不感兴趣呢！"

几个下属有点不好意思了，原来他们误会齐军了。齐军赶紧说道："你们也不必难过，我会向公司申请，在下一次培训时多给我们部门几个名额，在咱们公司，想办什么事先去申请就对了。"

齐军看他们的情绪有所好转，这才用开玩笑的语气说道："不过我们现在是不是应该把心先放在工作上。你们还不知道吧，这个月咱们部门的业绩险些就是倒数第一，我可是被总经理狠狠地'教育'了一顿啊。"

看到齐军可怜巴巴的样子，几个下属都忍不住笑了，与齐军之间的距离似乎也更近了。他们纷纷表态，从明天开始一定会踏踏实实地用心工作，不让齐军再为他们操心。

齐军总结的时候告诉我们，排难也要讲究方式方法。之前当普通白领的时候，帮助别人解决困难时不需要考虑太多。但作为上司，在与下属交谈时，需要先展现自己的亲和力，拉近自己与下属之间的距离，消除下属的戒备心理，这样才能逐渐消除各种沟通障碍，让下属能够真正地相信自己可以和他们并肩战斗，一起解决困难。

对具有排难才干的人来说，困难如山。在沟通过程中迎难而上，"排山倒海"之后，收获的必然是众望所归。因为应对困难的过程就是收服人心的过程。

具有排难才干的人，天生具有解决问题的勇气和能力。他们既有愚公移山的毅力，也有奇思妙想的创意，更有集结团队的凝聚力。他们总是在不断提高自己，主动介入要求高的领域，或者需要特殊技能和知识的活动，借机增强自己的能力。他们更是提升安全系数的高手，他们总是用排难才干思考如何在工作中消灭潜在风险，识别现有的和可能发生的问题，设计各种体系或者流程来防止未来出现的差错。

会说话
是本能，
说得
好 才是优势

会说话
是本能，
说得
好
才是优势

第五章

影响力定格气场

影响力，感染力

影响力的组员有行动、统率、沟通、竞争、完美、自信、追求、取悦。我们可以从多种维度，粗略地了解该组特征。

这组的小伙伴都擅长"带领人"。懂得如何取得主导优势，表达意见，并确保团队的声音被更多人听到。同时他们还懂得如何掌控局势和影响他人，并且吸取意见。

具有影响力才干的人这样运用自己的优势发声。

1）充满自信、意志坚定、有活力、做事主动，使用不易气馁的语言来鼓舞士气。

2）用引领者的语言魅力推动别人行动，懂得如何完成某件事，独立冷静。

3）具有直接、控制与独断的语言特质，妙用语言可以更好地识人用人。

行动一马当先

盖洛普优势理论这样描述具有行动才干的人：

"我们什么时候可以开始？"你最爱问这个问题。你急不可耐地要行动。你也许会同意，分析自有它的作用，争辩和讨论有时也会产生真知灼见。但你深知，没有行动，一切皆为空谈。唯有行动才能做事情，唯有行动才能出业绩。一旦做出决定，你就必须行动。别人或许会担忧"还有些事我们不知道"，但是你不会因此而放慢步伐。此外，在你看来，行动和思考并不互相排斥。事实上，在你的行动才干指引下，你确信最好的办法是干中学。你做出决定、采取行动、检验结果，继而学习和进步。在学习的基础上，你决定未来一步接一步地行动。你必须不断冲锋陷阵，你必须不断走出下一步。否则，如何保持思维敏锐和耳聪目明？这就是你的底线：你深知评判你的标准不是你的言辞，也不是你的思想，而是你的行动。你丝毫不为此感到畏惧。恰恰相反，你感到快慰。

课堂上我邀请具有行动才干的刘淼上台分享案例。他在大屏幕上展示了一张相片，是一对胖乎乎的父女。那是两年前 180 斤的刘淼和他 80 斤的五岁女儿贝贝。一大一小像是套娃。

贝贝非常喜欢舞蹈，但因为太胖，去舞蹈班的时候总被小朋友们嘲笑。再加上贝贝动作笨拙，老师总要花很多时间去纠正她的动作，渐渐失去耐心，就连集体舞都不让贝贝参加了。看到连龙套都跑不了，她觉得很灰心，哭着说不愿意再跳舞了。

为了鼓励女儿，刘淼报名了成人舞蹈班，还拉着贝贝一起去。贝贝看见爸爸穿着紧绷到快要裂开的舞蹈服，被逗得哈哈大笑。

到了舞蹈课上，别人跳起来像天鹅，但爸爸跳起来却是企鹅，不但笨拙无比还总忘记动作。贝贝更是笑得满地打滚。即便整个教室的人都笑得前仰后合，刘淼还是非常认真地跳着。

慢慢地，贝贝发现，爸爸融入了舞蹈团队，他的坚持感动了所有人。他从笑点变成了焦点。

一支舞过后，满头大汗的刘淼告诉贝贝："爸爸刚刚发现，跳舞的时候真开心，可以跟着音乐扭呀扭。当然我听见好多人都在笑我，不过这有什么关系。他们都不懂我的开心。贝贝你跳舞的时候，是觉得自己开心重要呢，还是别人议论重要呢？"

　　贝贝一边伸出胖乎乎的手帮爸爸擦汗，一边说："当然是自己开心比较重要啦。"

　　从那以后，贝贝不但重拾了信心，而且通过勤学苦练让身材逐渐苗条。现在已经能够代表培训机构参加市儿童舞蹈比赛。刘森呢，也借此机会成功减肥，甩肉四十斤。之前困扰他的"三高"指标统统恢复正常。在这一次亲子互动中，刘森用"行动"说话，可谓一箭双雕。

　　每天我们都会有新的想法，它们就像流星一样划过脑海，璀璨光华。我们兴奋地想要执行，但内心立刻会有个声音高喊着反对的理由。最终，我们听从了这个声音的粗暴安排，让想法变成想想而已，让自己无数次成为思想上的巨人、行动的矮子。

　　而具有行动才干的人，标签就是"行动派"，他们内心只有一个声音——"做"。即使外界反对的声音山呼海啸，他们一样充耳不闻、视而不见。他们是团队的急先锋，会把创意付诸实际，在团队遇阻的瓶颈期能迅速找到问题关键，解决以后再兴奋地对大家说："跟我走吧，现在就出发！"

　　当然，他们不可能做任何事情都对。他们也会碰壁，会失败，更会受到嘲讽。但是，在我们思考结果如何的时候，他们已经看到了结果。这就是他们最打动人的地方。还有什么比这更具有说服力呢？

统率的帅才

盖洛普优势理论这样描述具有统率才干的人：

统率才干促使你实施指挥。与有的人不同，你对将自己的观点强加于人并无不适。相反，你一旦形成观点，就必须与他人分享。你一旦确定目标，就要用它来统一众人的思想，否则就会坐立不安。你不怕对立；相反，你确信对立是解决难题的第一步。其他人可能对生活中遇到的不快讳莫如深，你却必须陈述事实或真理，无论它们多么令人不快。你需要在人们之间扫除误会；因此，你要求他们明辨是非、开诚布公，你推动他们承担风险，甚至会为此而逼迫他们。虽然有人会对你表示厌恶，指责你刚愎自用，但他们又常常会自愿让你掌舵。人们往往拥戴那些立场鲜明的人，那些确定方向、然后率领他们前进的人。人们会拥戴你。你一呼百应，你发号施令。

统率这项才干常常能制造一种画面感：领导者站在高处振臂一呼，无数人跟在身后前赴后继。所以拥有统率才干的人，是真正的精神领袖。

优势演说课上，统率才干突出的宋刚进行分享。他讲起了自己创立的物流公司，刚开始事业发展得很不错。但行业竞争日趋激烈，宋刚的公司在夹缝中艰难求生。不少优秀的客服和配送员都选择了离职，剩下的员工士气也不高，宋刚看在眼里，急在心上。

为了改变现状，让员工重拾信心，宋刚亲自来到各个部门，和员工谈话。他的话极具感染力："大家都是和公司一起成长起来的老员工，记得公司刚起步的时候特别艰难，情况更比现在危急得多，可是我们每个人都非常拼命，从各部门的经理到普通员工都能做到全力以赴。当时公司基本没有固定的客户，现在已经有了稳定的大客户群体，还在本地市场打造出了公司的品牌。这一切成果都要归功于大家的艰苦努力，我在这里向大家表示最诚挚的感谢，并恳请大家不要放弃公司。我坚信，只要拿出和以前一样的拼搏精神，渡过难关，公司就能重新走上正轨，还会比过去发展得更好。到时公司也一定会拿出丰厚的回报来感谢大家。"

宋刚这一番感人肺腑的煽情激励做得非常有效，员工们被他的话语打动了。有的女员工回忆起初到公司的情景，甚至泪流满面。员工们纷纷表态，请宋总放心，他们一定会拿出百倍的热情把工作做好。

独当一面、力挽狂澜，这样的词汇只属于具有统率才干的人。为了加深学员的印象，我又播放了一段视频。

《我是歌手》的直播现场，孙楠临时决定退赛，令亿万场内及场外观众哗然。这时，汪涵的发言精彩异常。这段话的大致思路是这样的：先确认孙楠的个人意志，再安排幕后人员准备插播广告，然后安抚观众和其他参赛歌手的情绪，最后利用广告时间和幕后人员讨论更改赛制。

就这样，汪涵用好口才稳住了整个现场，不动声色地谴责了孙楠不负责任的行为，让节目秩序恢复如常，同时也收获了万千观众的好评。

有学员问我，"为什么他们关键时候能'HOLD'住呢?"

很简单。在现实生活中，人们会有"权威崇拜"的意识和习惯，觉得权威人物说的和做的就是正确的，服从他们会让自己获得安全感，增加说话办事的"保险系数"。

在这种心理作用的促使下，诞生了无处不在的权威效应。个人的地位越高，越有威信，越受人敬重。他说话做事，就会越有说服力，也就越能引起大家的重视。而拥有统率才干的人，正是习惯把自己设定在"权威"的位置上，拥有"虽千万人吾往矣"的勇气。这样的特质，注定了他拥有登高一呼、统领千军的能量。

所以说，拥有统率才干的人是引领团队前进的力量。我们都知道，在任何重大抉择的关头，一定会出现不同的声音。只有他们能随时正面面对冲突，并能高效地把对抗能力转换成真正的说服力。

他们从不回避事实，而是把别人习惯回避或者采用"迂回"方式触及的敏感问题直接放在桌面上剖析解决。尤其是在危机时刻，他们的负责态度会让人镇定，有效降低团队的恐惧并相信局面已经得到控制，成为所有人心目中的"擎天白玉柱，架海紫金梁"。

沟通的 3D 式表达

盖洛普优势理论这样描述具有沟通才干的人：

你喜欢解释、描述、主持、演讲和写作。这是你的沟通才干在起作用。概念索然无味，事件平淡无奇，你需要将它们激活，使它们生机勃勃，能够激动人心、引人入胜。所以你就把事件编成故事，频繁讲述。你用象征、案例和比喻赋予枯燥的概念以生气。你认为大部分人的记忆非常短暂，注意力容易分散。他们天天受到海量信息的轰炸，但所记寥寥。你希望你所传达的信息——思想、事件、产品的特征和功能、发明或者仅仅是一堂课——能够被人铭记。你想把他们的注意力吸引过来，然后捕捉并锁定它。这种愿望驱动你搜寻完美的语句，使你陶醉于生动而富有感染力的词汇组合。正因为如此，别人也乐于听你侃侃而谈。你用语言勾画的图像激发他们的想象，澄清他们的眼界，并激励他们去行动。

假如现在要表达"尼亚加拉大瀑布每天浪费掉的潜在能量极为惊人"的观点。大部分人会这样表述：如果这些能量能够加以利用，并用它的收益来购买生活必需品，那么将有更多人可以获得温饱。

这种说法能否引起听众的兴趣呢？很显然，不能！我们来看看美国的爱德文·史洛森是怎么说的：

"我们知道，美国境内有几百万穷人，吃不饱，穿不暖。然而在尼亚加拉大瀑布这里，平均每小时浪费相当于25万块面包的能量。我们可以这样想象，每小时有60万枚新鲜的鸡蛋从悬崖上掉下去，在漩涡中制成一个大蛋卷。如果印花布不断地从一架像尼亚加拉河那样宽达1200米的织布机上织出来，那也就表示同样数量的布料被浪费掉了。如果把图书馆放在瀑布底下，大约在一两小时内就能使整座图书馆装满各种好书。或者，我们也可以想象，一家大百货公司每天从伊利湖上游漂下来，把它的各种商品冲落到50米下的岩石上。"

这段表述简直具有3D式观影的效果。形象的比喻从每一个句子中跳跃出来，轰然蹿到眼前："25 万块面包、60 万枚鲜蛋自悬崖上滚落下去、漩涡中的大蛋卷、花布从 1200 米宽的织布机上织出来、一个漂浮的大百货公司被冲落、冲到悬崖下面的图书。"

画面就像是电影《盗梦空间》中被折叠的城市，用极致震撼的方式让我们迅速接受了他的观点。

如果说沟通是一场说服的较量，那么他用的方式绝不是春风化雨，而是天崩地裂。用这种方式表达的任何观点，人们都极难忽视。

《任正非正传》中有个故事：华为的一个新员工，刚从名牌大学毕业。就公司的经营战略问题，洋洋洒洒地写了一封"万言书"给任正非。新员工原本以为自己的独到见地能够打动领导，但结果任正非批复："此人如果有精神病，建议送医院治疗，如果没病，建议辞退。"

这个故事流传甚广，大部分解读都在说，职场不是肥皂剧，别把自己当主角，想靠一封万言书就引起老板的重视，大多数人是没有这个运气的。言语之间不乏冷嘲热讽之意。

在我看来，这位新员工的表达方式是不是更有问题呢？因为同样的出发点，我的培训学员黄达却连升三级。

黄达是个沟通才干突出的人。在分享环节他告诉大家，当年刚加入某大型集团采购部时，他像所有新人一样，也渴望被发现、被重视。但随着时间的推移，他发现达成这个目标也是需要方式方法的。

虽然公司会定期鼓励大家提管理意见，但能被采纳的极少。黄达决定换一种特别的方式。他借着公司"降本增效"的主题，策划了一个办公用品展。他把从全国各个分公司收集来的办公用品都汇集在一起。人们惊奇地发现，光是手套就采购了上百种。

黄达将展览海报设计得非常独特，吸引了大量员工参观，其中不乏公司领导。黄达以讲解员的身份向领导介绍这些办公用品的来源，以及它们参差不齐的价格。同时现场粗略测算出：如果总公司能以集中采购再分别发货的方式，不但可以节约人工成本，更可以节约近五十万元。

小小的手套能节省这么多钱，真是细微之处见真章呀。活动深深触动了公司领导，他当天就任命黄达为采购部副主管，负责集中采购相关项目。

这是一个表演的时代，仅靠一点语言表达是不够的。因为人会有惰性，要使他们接受新观念，需要付出很大的努力。而具有沟通才干的人，会像导演一样为观点"赋能"，让它们变得更生动、更有趣、更加戏剧化，甚至更加触目惊心，如此一来吸引观众自然倾听，结果当然是新观念被迅速接受了。

他们在人群中最具"传情达意"的特质。在与人沟通时，他们能总结各种要点并帮助他人理解以及达成共识。
他们在演讲的时候，总能以巧妙独特的方式提升关注度，
当然他们会密切关注听众对于演讲中每一个部分的反应。
他们会把其中特别吸引人的部分记录下来，作为下一次演
讲的亮点。久而久之，他们擅长提炼个人经历，找出身边
人和事的闪光点，再把它们形成演讲的语言或者文字，感
动更多的人。

竞争无处不在

盖洛普优势理论这样描述具有竞争才干的人：

竞争扎根于比较。当你环视四周时，你本能地意识到
别人的业绩。他们的业绩就是你的标尺。无论你如何苦干，
无论你的动机如何高尚，如果你仅仅达到自身目标，但未
能傲视同侪，你就会觉得现有的成就空洞无物。你需要其
他人，你需要比较，有了比较，你就能竞争，而如果你能
竞争，你就会想方设法取胜。一旦取胜，你就能感受到无
与伦比的快慰。你喜欢测量，因为它有助于比较。你喜欢
其他竞争者，因为他们使你振奋。你热爱比赛，因为它们
必定产生一个赢家。你尤其喜欢胜券在握的比赛。虽然你

对你的对手彬彬有礼，但你参加比赛绝不是为了取乐，而
是为了取胜，你最终会避免参加取胜无望的比赛。

我请具有竞争才干的学员刘昊上台做分享，他是一名
中学体育老师。他所教的年级有位男同学是著名的调皮大
王，平时违规、恶作剧、欺负同学，但凡提到他的名字，
老师们无一不头疼。在刘昊刚刚为他们上的一堂耐久跑课
程后，这位男生的老毛病又犯了。

他公然宣称要向刘昊挑战，还把挑战书直接放在刘昊
的办公桌上，仪式感十足。刘昊拿起红彤彤的战书，觉得
很有趣，便欣然应允了。

放学后在全班同学的围观之下，刘昊和这名男生开始
了五千米的比试。男生在脑门上围了"必胜"条幅，骄傲
的眼神扫视全场后伸长脖子仰视高处，瞬间他的眼里只装
得下天。

发令枪响以后，男生就像一支箭一样窜了出去，把刘
昊远远地甩在了后面。他步伐轻盈地领先了三分之一的赛
程，可没得意多久就因为体力分配不均逐渐慢了下来，当
刘昊从他身边赶超的时候，他明显紧张起来。

求胜心切的他哪甘落后，干脆发力猛冲。可这一下使
他扭伤了脚，狠狠地摔了个跟头，身上大面积擦伤。刘昊
想要扶起他，为他处理伤口。可他却一把推开刘昊，一瘸

一拐地跑，硬是跑完全程。

事后刘昊带他去医务室查看伤势，然后当着全班同学的面好好表扬了他坚强、勇敢的精神。

作为全校闻名的"学渣"，他听到的从来都是批评和指责。这是他第一次被当众表扬，居然涨红了脸。

刘昊又悄悄地对他说："今天你表现出来的优秀素质可真让人刮目相看。我觉得你只要努力，一定能成为班上最优秀的学生。"

很多时候，一个人的成长是从瞬间开始的。

近十年的课堂教育，老师们的耳提面命，家长的苦口婆心，都不能让他有些许改变。但是那一瞬间，刘昊的话走进了他的心里。从那以后，这个男生像变了一个人似的：学习积极、遵守纪律、团结同学，人也变得热情起来。用男生自己的话来说——以前混成笑话，现在要学成神话。

这个学渣逆袭的故事，让在场的学员都赞叹不已。有些已为人父母的学员，问道："像这样被老师家长都放弃的孩子，也能变成神话吗？"

"当然，因为他想要当第一，"刘昊很认真地回答，"换句话说，他讨厌任何被人比下去的感觉。"

拥有竞争才干的人，总会在适当的时机，用一定的语言技巧对对方的自尊心、荣誉感进行强烈刺激，从而能够激起对方的逆反心理，让对方在短时间内变得非常积极主动。之后，他们再根据结果进行适当的引导，就可以使对方更加愿意接受要求。

所以对刘昊而言，无论是在长跑赛场还是使用语言沟通，他都是一个能轻而易举打败对手的人。在教书育人的职业生涯中，他与学生的谈话可能是缔造一个个学霸神话的开始。

"虽败犹荣"这四个字并不适合具有竞争优势的人。在他们的字典里，输就是奇耻大辱，而士可杀不可辱。所以，他们会拼尽全力地争取第一。这种感觉与金钱无关，只关乎取胜的意愿。

他们善于找到"衡量标准"，即具有测评各方面优劣的系统。任何地方都有可能是他们的"战场"。他们赢了以后，会研究赢的原因。他们从成功中可以学到更多东西。他们赢得第一，也不是为了把对手打倒。而是通过让自己与强劲的对手竞争而变得更加优秀。当然，他们也会有针对性地准备一些面对失败的精神策略，在它们的武装下，他们即便失利也能飞快地迎接下一个挑战。

完美让细节说话

盖洛普优势理论这样描述具备完美才干的人：

　　你的标准是优秀，而不是平均。把低于平均水平的业绩稍微提高到平均之上需要艰苦努力，无法使你满足。而把本已不俗的业绩转变成出类拔萃，却远比前者激动人心。完美才干，无论属于你自己还是别人，都使你着迷。你如同一名打捞珍珠的潜水员，四处搜寻才干的蛛丝马迹。无师自通、一学就会、掌握技术、浑然天成——所有这些都说明某种才干在起作用。发现才干后，你感到必须培育它，改进它，将它充分发挥，直到炉火纯青。你不停地打磨珍珠，直到它银光四射。由于你对才干情有独钟，别人会认为你不能一视同仁。你更愿与欣赏你才干的人相处。同样，你喜欢结交发现并培养自己才干的人。你避开力图修理你、使你样样精通的人。你不想终生哀叹自己的欠缺；相反，你想发挥你的才干。这样更开心、更有效，并且，与常人所思相反，要求更高。

　　乔宁作为完美才干的代表，向我们分享他去某设计公司面试的经历。和他一起参加最后一轮面试的共有五人。就学历和资质来说，乔宁并不是最优秀的，面试进行到最后，乔宁感觉老板明显更青睐其中一位"海归派"。转机出现在他们最后一个话题上，老板说到了某个别墅设计作品，问他们感觉怎么样？

其他四位面试者都极力称赞，把作品夸得前无古人后无来者。只有乔宁说："这件作品距今已经有十年了。就作品本身来说当然非常优秀，可是十年的时间，流行趋势和国人的审美又有了非常大的变化。所以如果是现在，我觉得可以从色彩等方面稍微做一些调整。"

他说完以后，发现其他四位面试者都像看怪物一样地看着他。有人在他耳边轻声说："你不知道这是老板自己的作品吗？"其他人眼里带着嘲弄，乔宁只是微微一笑。这幅作品曾经获过多项大奖，科班出身的乔宁怎么会不知道。可他还是做出了最中肯的评价。因为他觉得，这世界上没有最好的设计，只有最契合当下的作品。

老板颇有深意地看了乔宁之后，就结束了面试。一周以后，只有乔宁接到了录用电话。老板告诉他，自己当年创办这个公司，虽然发展势头不错，但一直有块心病。公司的设计水准一直都在原地踏步。因为所有的设计师都觉得老板的作品就是最棒的，直接以他的风格、喜好为基准。长此以往，老板尴尬地成了公司设计的天花板。

老板认为，虽然乔宁的条件不如别人，可是他有一颗追求完美的心，老板相信他能超越自己，做出最好的作品。乔宁深受老板倚重，成长很快。虽然入职才短短几年，但他在公司管理方面已经具有一定的话语权。

我们在生活中也会发现，像乔宁这样具有完美才干的人会不自觉地成为团队的中心，其他人不自觉地接受他表达的思想，并付诸行动。

因为具有完美才干的人，都是品控专家。他们对人、对事情的高标准、严要求，更容易获得团队的信任。他们就是优质的代名词。他们会把注意力放在长期关系和长期目标上，从不满足唾手可得的短期成功。

完美才干要求他们把最大的潜力用在真正持久的提升之路上。在培训、管理、指导或者教育岗位上，他们的匠心总能极大地感染别人。

所以说，口才不是口若悬河，不是空洞无味的废话堆积，口才是一个人智慧、学识、素质等综合能力的体现。而拥有完美才干的人，可以流利地表达自己的构思，再把事情提升到更优秀的层次。使人乐意接受你、信服你，这样就很容易成为各种场合的意见领袖。所谓好风凭借力，送我上青云，一定就是完美才干助力沟通的必然结果。

自信者、人恒信之

盖洛普优势理论这样描述具有自信才干的人：

在你心灵的最深处，你对自己的才干充满信心。你深知自己是一个有能力的人——有能力冒风险，有能力接受新的挑战，有能力提出要求，并且更重要的是，有能力履行诺言。不仅如此，由于具有自信的才干，你不仅对自己的能力，而且对自己的判断充满信心。当你观察世界的时候，你深知自己的视点与众不同。由于没有人看问题的角度与你完全一样，你知道没有人能为你做决定；也没有人能告诉你如何去思考。他人能够引导，能够建议，但只有你才有权下结论、下决心、去行动。这种权威，这种对自身生活方向的终极负责，并不使你畏惧。无论碰到什么情况，你似乎总能悟出该做什么，这一才干给你罩上一层神机妙算的光环。你与许多人不同，从不轻易被别人的论点所左右，无论他人多么巧言令色。这种自信既可能深藏不露，也可能一目了然，这取决于你的其他才干。但它根深蒂固、牢不可破，一如舰船的龙骨，能抵御各种压力，使你把稳航向。

如果要在优势演说培训班上找一位自信才干突出的学员，一定非杜韵莫属了。

杜韵讲了她在工作中自信发声的案例。她在公司负责新型产品的广告设计工作，经过对产品和市场的分析，她很快把文案呈给经理。

经理不满意地说："你这个创意表现手法太过直白，显得没有内涵，你回去再改一改，注意要含蓄一些，这样才显得上档次。"

　　杜韵知道经理并没有理解自己的用意，但直接指出经理的错误又不合适，于是她诚恳地说道："经理，您说得很对，广告寓意深刻会显得更有内涵，也更有美感。不过我在设计这个广告的时候就一直在想一个问题，一个新产品刚刚上市时，广告的目的是什么？"

　　经理说："当然是抓住消费者的眼球，让消费者了解新产品。"

　　杜韵穷追不舍，说："您说得太对了，这个产品是新型产品，消费者对它还不了解，所以我们这个广告就是要让消费者看了第一眼就想尽可能多地了解产品。"说到这儿，杜韵停顿了一下，等待着经理的反应。经理并没有说话，显然是在思考她的说法。

　　杜韵知道机会来了，便继续说道："用含蓄的表现手法确实会让广告更有内涵和美感，但如果消费者对产品一无所知，他们很难看懂这么含蓄的广告，也体会不到其中的寓意。我认为，现阶段我们可以先采用直白的广告表现手法，让消费者迅速了解新产品的特性，印象也更为深刻。等市场打开了，消费者对这个产品比较熟悉了，我们再采用含蓄的表现手法来提升内涵。当然我这是不成熟的观点，有不对的地方还请经理指正。"

杜韵的态度毕恭毕敬，说得又确实在理，经理对她非常欣赏。两年后，经过更多的历练，杜韵成了项目负责人。

杜韵就这个案例，也说出了自己的体会：当我们阐述了自己的观点后，一遭到全盘否定，我们的自尊心往往使我们采取强硬的反抗措施。

这种心理反应会极大地阻碍交谈的顺利进行。因此，无论在什么情况下，你都应当尽最大可能避免对方出现上述心理活动。

相反，我们提出自己的意见后，一旦受到他人的赞同，我们会感到非常快乐，这种兴奋感会给人带来情感上的亲善体验和理智上的满足体验。这种体验一旦发生，就会有利于纠纷的调解，使争执双方的意见达成一致。即使对方的意见与我们不同，但如果我们感受到了对方的尊重，接受起意见来也变得容易多了。

因此，在不同意对方的看法时，也应该先说"是的"，即首先对他的说法表示理解和尊重，创造一种较为融洽的谈判气氛，缩短双方之间的心理距离，然后再讲"但是"。由于你对对手的某些看法大加赞赏，对手自动地停止了自己的讲话，含着笑、点着头，专注地欣赏别人对自己观点的肯定。这时，在他眼里，你与他是站在一起的，对立就不存在了，尽管你也在赞扬的意见后表达了不同意见，那也好商量多了。

　　精湛的总结引来教室里掌声四起。我提醒学员们把关注点集中到杜韵的自信才干上来。

　　"实力"就是隐秘的说服力。我们可能会对各色各样的人展开说服，比如上司、同事、长辈、朋友，其中不乏难以沟通的对象。有必要提前设想可能出现的沟通困难和对方的态度，以坚定自己在说服过程中的信心。

　　所以，想让别人相信你，首先要自己相信自己。一个对自己持怀疑态度的人怎么能够说服他人呢？说服力是自信心的传递，如果说服者态度诚恳、语气坚定，在眼神、手势方面都表现得自信满满，那讲出的话也会显得极具说服力。

　　具有自信才干的人气场强大，他们果断、坚决，让人难以抗拒。他们的工作热情十分饱满，也格外努力。即便面对庞杂混乱的局面，他们也能表达出内心的镇定，这为稳定整个团队的"军心"起到至关重要的作用。在缺少外界帮助的情况下，他们能独立思考并表现出惊人的行动力。虽然他们会树立别人无法想象的大目标，而这些目标的实现最终常常为他们带来极大的成就。

　　沟通时的"言之凿凿"，来源于自身的"深信不疑"。自信者，人恒信之。

追求造就卓越

盖洛普优势理论这样描述具有追求才干的人：

你希望在别人的眼中非同凡响。你希望获得真正意义上的"认可"。你希望自己的意见受到重视。你希望出人头地。你尤其希望别人了解和赞赏你的独特优势。你渴望别人赞扬你是一个可依赖和非常专业的成功人士。同样，你希望与可依赖和非常专业的成功人士交往。如果他们不是这样，你就会推动他们朝此方向努力，直到成功，否则你就会弃他们而去。你天性独立，希望自己的工作是一种生活方式而不仅仅是一种职业。在工作中，你希望获得充分的自由，按自己的方式做事的自由。你对自己的渴望感觉强烈并会立即付诸行动。为此，你的生活中充斥着你所渴求的目标、成就或资格。无论你的目标如何——每个人的目标都与众不同——你的追求才干都将不断地将你升高、摆脱平庸、通往卓越。这个才干推动你不断追求。

木秀于林，风必摧之，这句古语绝不适合具有追求才干的人。他们毕生都在追求与众不同。他们极具个性，他们追求能提升知名度的一切途径，并且是最为爱惜"羽毛"

的群体。他们不甘于幕后工作，总是积极地展露自己于台前。越是重要的任务，越是领导关注的项目，越能激起他们的斗志。而且在推进的过程中，他们希望能由自己作主。他们需要时刻都成为众人瞩目的焦点。

具有追求才干的学员徐继兴体重约 160 斤，但这丝毫不妨碍他散发出满满的正能量。他在优势演说培训班开班的时候，笑容满面地自我介绍："我是最胖的，也是最棒的。"一句话就让所有人记住了他。

徐继兴说，无论是读书还是工作，他不管到哪里都特别冲动地想要告诉所有人："嘿，知道吗，我，徐继兴是最优秀的！"这种冲动，总是让他脱颖而出。

他分享了一段在鸿运集团实习的经历。

鸿运集团是一家大公司，在同一批进去的几十个实习生中，徐继兴相貌平平、体重过高。实习期期末他评测排名第48，实在不算突出，能留下来转正的希望很渺茫。但他抓住了董事长巡视基层工作时几十秒的对话机会，打了个漂亮的翻身仗。

一般来说，新人看到领导的自我介绍都是千篇一律的模式："我叫……毕业于某学校某专业……"

但徐继兴却激情饱满地说："董事长好。我是新人徐继兴，继承的继，兴旺的兴。谐音'吉星'。能来鸿运集团实习对我来说是'鸿运当头'，我也希望能为公司带来'吉星高照'般的好运气！"一席话，不卑不亢，坦然自若。

董事长看了看眼前的小伙子，笑着点点头："鸿运当头、吉星高照。好啊，我也拭目以待。"

实习结束后，留下了3个人，徐继兴便是其中一个。一个月以后，徐继兴第二次在楼梯间遇到董事长时，没想到他张口就叫出了徐继兴的名字。董事长说："你能留下，是因为我想看看这个'吉星高照'的年轻人能给我们带来怎样的好运气，你要好好努力。"

徐继兴告诉我们，他在实习的第一天就精心设计了自我介绍，以备不时之需。

在他看来，自我介绍除了要介绍自己姓甚名谁，更重要的是要让对方快速地认识并记住你，这就需要你说出去的每一句话都要有特色，很多员工在向领导介绍自己时，多是院校、专业、籍贯。假如同时聘用十位员工，每一位员工都是如此介绍自己，领导怕是想记住他们都很困难。凡事预则立不预则废，说的就是这个道理。

永远要做最好的那个，这是徐继兴的座右铭。这句话让我想起了柴静，一个立志要当好记者的优秀女性。

她曾经这样说："假如没有对人真正的关切，我就不能成为记者；假如仅仅停留在对人的关切，而不是对问题的求解上，我就不会成为一名好记者。"

节目中的她是冷静客观的，内心又不失对他人的悲悯，有了这样的态度，她说的话就不会出现大的失误。她完成了很多高难度的采访活动，曾有人问她勇气来自哪里。

她说："我去采访讨薪八年未果的农民，在他坐过的法院台阶上坐着，体会他的无助；我去采访拆迁中丧子的母亲，看着她泪流满面；我去采访注射了奥美定的女人，用手触摸她胸部里的硬块，知道这个将永远无法根除……这一切让你知道你跟这个时代的联系。如果你仅仅为追求个人幸福而活着，你将永远得不到幸福。"

她会这样介绍自己："我是柴静，火柴的柴，安静的静。"不论多么难采访的节目，她说出来的话总能让人感受到真诚的力量。对人的深度关切以及出众的表达能力，让柴静被人们记住，也让她的追求变成现实。

一组好看的吊灯，只有在接通电源后才能大放异彩，让人们接受它"很好看"的评价。同样的，一个自称口才好的人，如果缺少内秀的品质，同样会被认为是夸夸其谈。

用追求才干说话的人，犹如手持明灯。他们内秀，他们充盈，他们在任何时候都能用语言点亮梦想的道路。

取悦营造轻松氛围

盖洛普优势理论这样描述具有取悦才干的人：

取悦的英文原意是把别人争取过来。你酷爱的挑战就是结识新人并赢得其好感。你从不怕见陌生人，相反，你见到陌生人时精力倍增。你受他们的吸引，你想知道他们的姓名，问他们问题，寻找与他们的共同兴趣，以便攀谈，从而建立友情。有的人避免与人攀谈，因为他们担心话不投机。你则不然。你不仅从不词穷，而且喜欢主动与陌生人攀谈，因为打破坚冰、建立联系使你心满意足，而一旦关系确立，你就高高兴兴地把它搁置一边，继续前进。还有新人要结识，还有新的人群要交际。你的生活中是没有陌生人的，只有尚未谋面的朋友，许许多多的朋友。

具有取悦才干的学员黄维在护肤品柜台做销售的时候，业绩一直是冠军。黄维表示，除了嘴巴甜以外，她会想方设法获得客户的好感，比如送小礼物。

黄维说，很多客户会挨个儿专柜仔细地观察、比较，最终在两个品牌的化妆品间纠结不定。这时，黄维就知道她该出手了。

黄维会从柜台里拿出十几包小样，对客户说："这些小样都是送您的。虽然比较小巧，用起来没有大瓶的顺手，但是小样的容量其实也不小呢。这十几包小样的重量加在一起，都抵得上半瓶化妆品了呢！您放心吧，您从我这里买肯定是最划算的。而且，等您用好了，下次再来买的时候，我会给您申请老客户折扣的。到时候，不但价格便宜，赠品也会更多。"

听了黄维的话，虽然目前所能得到的优惠只有这些小样，至于黄维承诺的折扣和更多的赠品，都要等到遥遥无期的下次，但是客户基本上都会直接买单。

送小样的经历，在座的学员都有过。很多人都是拿了小样就走，也不会回头购买。可是黄维却能利用小样提高销量，这自然离不开取悦才干的高效话术。她能有效利用人人都会有的互惠心理。

互惠心理是指人们对于他人给予自己的善意，也会回报以善意。面对曾经帮助过自己的人，人们会情不自禁地想要帮助他们。甚至是在争辩过程中，如果对方做出了一定的让步，人们会因为互惠心理的作用，也相应地做出让步，最终促使双方达成一致。这条原则，虽然并非明文规定，却因为大多数人都受到这种心理的影响，所以为大多数人所接受。

心理学家迈克尔·伍尔科特和菲利普·昆茨于 1976 年进行了一项著名的实验。他们首先从电话黄页上随机抽取了 578 个人，然后给他们寄去精美的贺卡。结果这些人在收到莫名其妙的贺卡之后，有 100 多人按照地址回赠了贺卡。为了表示谢意，他们之中还有人在贺卡后面附信，甚至附赠了全家福。

虽然两位心理学家和这些人素未谋面，但是出于互惠心理，他们回赠了贺卡。这就说明在人群之中，互惠心理非常普遍，由此而做出的行为，也是常见的。

在销售谈判的过程中，常常有人运用互惠心理。例如，为了达到自己的既定目的，他们会先提出更为苛刻的条件，在谈判陷入僵局时，再相应地做出让步，其实，让步之后的条件才是他们真正想要的。不过，对方不知道他们的意图，也相应地做出了让步，以表示感谢。如此一来，谈判剩下的步骤则水到渠成。

说到这里，又有学员问黄维："买化妆品的客户太多了。取悦她们的办法一定还有很多种吧？"

"那当然。"黄维说。当了一段时间的柜员之后，她又转岗做化妆品的销售。有一次她去拜访曾经购买过化妆品的顾客。

见面时，黄维照例先递上自己的名片："您好，我是某公司的推销员，我叫……"才说了不到几个字，顾客就以十分严厉的口气打断了黄维的话，并开始抱怨当初买护肤用品时的种种不快。例如，效果不明显，皮肤好像有点过敏等。

顾客喋喋不休地数落着公司的产品及当初的推销员，黄维只好静静地站在一旁。其实，黄维早已听出了弦外之音：一是价格高了，如果没有打折的可能，希望获得一些赠品作为一种补偿；二是希望有一些免费的皮肤测试。

终于，那位顾客把以前所有的怨气都一股脑儿地吐光了。看到她的情绪稍微平复了一些，黄维告诉她公司正举办活动，还有培训以及新产品的体验。

这时，对方面色由阴转晴："你贵姓呀，拿一份目录来给我看看，给我详细介绍介绍吧。"

这一次的沟通效率极高。当黄维离开时，手上已经拿到了那位顾客的大订单。她买了五百套化妆品，作为全公司女职工的妇女节礼物。

其实，在拿出产品目录到顾客决定购买的整个过程中，黄维只说了不超过十句话。交易拍板的关键，是由那位顾客道出来的："我是看到你非常实在、有诚意又很尊重我，我才购买的。"

黄维告诉我们，让别人开心，方法有太多种。比如在适当的时候，让我们的嘴巴休息一下，我们也会因此而获益。倾听是收集和给予正确信息的关键，它影响到过滤、筛选信息的效果。当你渴望获得更多的信息或平息沟通中出现的冲突时，最好采用积极的倾听态度。

临结束的时候，学员昭昭提问："我觉得我经常站在取悦的反面，常常会得罪人。"

教室里笑声一片。"就拿昨天的例子来说吧。在公园里，我看到一个 45 岁左右的阿姨带着两岁的小孩。我对小孩说'看你奶奶多疼你'。阿姨脸色一沉，说她不是孩子的奶奶，是妈妈。"

昭昭瞬间尴尬，讪笑着就离开了。现在她想问一下黄维，同样的场景她会怎么说？

黄维不假思索地回复道："嗨，不好意思搞错了。我还在想，这奶奶真年轻。因为我姐姐才四十多岁就抱孙子了。所以现在抱孙子都挺早的。不好意思啊，（转换话题）这孩子长得真漂亮，挺随你的。"

话音未落，昭昭情不自禁地竖起大拇指。

"讨人喜欢"是具有取悦才干的人的标签。很多时候，他们不认为自己是在交朋友，可是别人却主动把他们当作朋友，从而贡献了很多资源。他们往往只是利用几分钟的时间，就能让自己成为陌生环境中最先被认识的人。他们可以很好地帮助拘谨的人放松下来，完成陌生环境的"破冰"，从而更快地拓展交际圈。

因为沟通传递的首先是一种情绪，其次才是内容。具有取悦才干的人，总能聚拢身边的人，处理人际关系时如鱼得水；可以使氛围轻松、解除尴尬，可以使人纵横全场、魅力四射。而好的沟通氛围一旦建立起来以后，只需要不经意之间的蜻蜓点水，就能轻松达到沟通的目的。所以，说话让人舒服的程度，能决定沟通所能抵达的高度。

是本能，

才是优势

第六章

关系建立创造和谐

关系建立，天地人和

关系建立组的组员有适应、关联、伯乐、体谅、和谐、包容、个别、积极、交往。我们可以从多维度，粗略了解该组特征：

这组的小伙伴都擅长"支持人"，具备建构牢固关系的能力，将团队凝聚起来发挥更大的力量。

拥有关系建立才干的人如何运用自己的优势发声呢？

1）谨慎、稳定、耐心、无攻击性。用和风细雨的语言让听者感受到"柔"的魅力。

2）说话绕弯不直接、人际关系好，可以用良好的人际关系实现语言的妙用，最大程度地体现语言价值。

3）团队凝聚力的强大支撑者。善于用语言凝聚他人，达成团队目标，进而发挥更大的力量。

适应任何场合

盖洛普优势理论这样描述具有适应才干的人：

你生活在当下。你不把未来视为固定的目的地。相反，你认为未来是你在现有选择的基础上创造出来的。因此，你通过选择逐一发现你的未来。这并不意味着你没有计划。你很可能有。但你的适应才干使你能够自愿地对眼前需求做出反应，即使此举使你偏离原有计划。你与有的人不同，并不讨厌突如其来的要求或出乎意料的曲折。你对此有预料在先，它们是不可避免的。事实上，在某种意义上，你期待它们的发生。你本质上是一个非常灵活的人，即使工作的不同需求把你东拉西扯，你仍能保持高效率。

随机应变是适应才干突出者的标签。这里的代表学员是苏可，可是他却先分享了一个关于我的案例。

在一次高端聚会上，主办方代表之一廖女士非常热情地跟我打招呼："蔡老师，我经常在电视上看到您。今天您一定要跟我分享下主持过哪些有意思的节目啦。"

我愉快地答应了，当我们坐到沙发上的时候，她取出一件特色挂饰，说是非洲旅行时买的，并向我展示手机上的各种照片。

我说:"这些照片拍得太美了。我从没去过非洲。真羡慕你们可以亲历大草原。感觉是不是特别震撼?"

这番谈话持续了一个小时,廖女士从非洲大草原聊到她的丈夫和孩子,非常的尽兴。

苏可在现场目睹了一切。聚会结束的时候,他说:"蔡老师,您的适应才干非常明显呀。廖女士刚开始只是邀请您分享主持过的节目,但到后来她不再问主持的事情,变成她滔滔不绝。而您作为听众,全程表现得非常愉快。现在廖女士对您的评价非常高呢。"

我点头道:"因为我很快意识到,她真正关心的不是我的主持经历,而是需要一个专注的倾听者,这样她就能展示自我,讲述她去过的地方和她的家人。你一定要记住,人永远都是在谈论自己感兴趣的事情时最开心。"

沟通就是一场说服的较量,《孙子兵法》中说,"兵无常势,水无常形;能因敌变化而取胜者,谓之神。"而用适应才干发声的人,可以达到"战神"的境界。

这是苏可课堂分享时,PPT上最醒目的一段话。

他提到自己刚入职的时候,顶头上司刘经理是个特别"难搞"的人。他经常朝令夕改,每天都有新点子产生,又逼着下属赶快完成。

等到下属加班加点做完以后,他早就决定废弃这个项目，另外启动新的项目了。所以，刘经理手下的员工不是辞职就是申请转岗位。可是苏可凭借适应才干成为例外。

这天，刘经理又兴致勃勃地把苏可叫过去布置了个新项目，苏可说："您的想法太棒了。请放心，我保证全力以赴地去客户单位推动。"可是苏可回到岗位上却什么都没有做。

过几天，他又跟刘经理汇报："这几天客户赵总因急事出差，要下周才能回来，等他回来我一定跟赵总提议。"又过几天，他再告诉刘经理："您的要求我已转告赵总了，他答应在公司会议上认真地讨论。"

尽管这件事情最后不了了之，但苏可给刘经理留下了"尽力去做"的印象，刘经理也挑不出错来。

可以说，在刘经理领导的恶劣职场环境中，苏可咬着牙坚持生存了下来。但就业务能力来说，苏可绝不是个推诿无能的人。

有一次客户用了公司的新产品以后，非常不满意地直接找上门来。公司对接的业务员怀疑他无理取闹，言语间暗示他买了优惠价拿了赠品，占尽便宜之后上门要挟。

客户受到羞辱，一下子勃然大怒，他吹胡子瞪眼地正要骂人。这时苏可赶快走了过来。

苏可在课堂上介绍到这里的时候，我示意他暂停，转而提问现场的学员："有没有人能解决困境的？"

有人说："顾客为上。我应该会拼命赔礼道歉吧。"

还有人说："业务员最了解情况，他认为客户无理取闹，那肯定是有根据的。"

每次面临判断的时候都会有两种声音。

苏可微笑着等大家议论结束后才说，他只用三步就把客户的怒火安抚了下去。

第一，他仔细听客户从头到尾讲述事情的经过，却全程不说一个字。

第二，当客户说完的时候，其他业务员又要插嘴发表意见，苏可立刻从客户的角度与他们辩论。并坚持表示，不能令人满意的产品，就不应该在公司平台上出现。

第三，苏可承认他不知道问题的原因，并直率地对客户说，您有什么好的解决办法吗？我这边完全照办。

就在几分钟前，客户还想要退货。现在客户见苏可的态度不错，音调也降了下来，他问刚才这些问题是否能尽快解决呢？

苏可向客户保证，如果三天之内不能解决，他会亲自来公司为客户办理退货。就这样，客户满意地离开了。

事后苏可才了解到，这是刘经理很看重却又特别头痛的客户。没想到被苏可轻松搞定了。而且三天后，客户还专门来找苏可下了很大的一笔订单，这让刘经理惊奇不已。时间长了，他越来越认可苏可，在他的推荐下，苏可很快在公司级平台上崭露头角。

润物细无声，是沟通的最高境界，也是用适应才干说话的自然结果。因为每一次对话都是语言和信息的互换，更是情绪的交流。具有适应优势的人能迅速捕捉他人的情绪变化，以平静化解激动，以坦然应对压力，时刻都要做到情感上的理解和呼应。让对方感受到被足够重视和足够尊重，自然心甘情愿地配合起沟通的节奏来。

足见，具有适应才干的人活在当下，他们具有异于常人的自控力，从情绪到思路再到说话方式，全部都有章可循。心理学家曾发现，这类人的思考方式是以终为始的。因为只有体察到自己每时每刻在做什么，做出怎样的决定，以及为什么做出这种决定，才能更好地控制行为及思想。对拥有适应才干的人来说，此时此刻即是过去，也是未来，他们凝心聚神于此，自我目标也更容易达成。

关联千丝万缕

盖洛普优势理论这样描述具有关联才干的人：

凡事发生必有原因。你对此深信不疑。这是因为你从心底里认为我们都是相互关联的。诚然，我们人各有别，各自对自己的判断负责,并保持选择的自由。尽管如此,我们仍然是宏观世界的一部分。有人称其为集体的下意识,还有人称其为生命的本能。但无论你用何种语言,你一想到我们并不相互隔绝,也不与地球及其他生命隔绝,就会倍添信心。这种关联感包含了某些责任。如果我们都是宏观世界的一部分,我们就决不能害人,因为害人等于害己;我们决不能剥削,因为剥削别人等于剥削自己。你对这些责任的意识构成了你的价值体系。你为人周到、体贴和宽容。由于笃信人类大同,你为不同文化背景的人们构筑沟通的桥梁。仿佛有一只"看不见的手"在指引你,帮你开导别人超越日常琐事,看到更高尚的目标。你的具体信仰固然取决于你的人生经历和文化,你的信仰却十分坚定。它使你和你的朋友面对人生之秘而持之以恒。

很多人都觉得说话就是我说你听。我说了什么你就一定能接收到全部。此类的想象有多美好,现实就有多残酷。因为现实中的"沟通漏斗"无处不在。

就像电影《江湖》中的台词:"说你又不听,听又不懂,懂又不做,做你又做错,错又不认,认又不改,改又不服,不服你又不说。"

很多时候我们心里想的是100%,嘴上说的是80%,别人听到的是60%,别人听得懂的是40%,别人行动的是

20%。也就是说，从我们想要表达的内容中能产生的说服力只占极少数。这个问题的根本原因就是——缺少关联。

作为主持人，我常常受邀出席各种演讲比赛担任评委。有些演讲者在台上讲得天花乱坠、情绪激昂。但观众的打分却非常低，甚至不如那些第一次上台的高度紧张的选手。

很多人说这于理不合，有失公平。但观众的理由是："我们更喜欢跟自己有关联的选手。"个别夸夸其谈，把自己标榜得高大上的选手，会让人觉得很反感，在观众眼里，他们完全和老百姓的生活脱节了。

相反，紧张到发抖的选手站在台上支支吾吾的时候，经常引来观众鼓励的掌声和微笑。他们似乎看到胆小的自己，于是就增添了几份亲切感，从而愿意打高分鼓励新人、支持新人。换句话说，这时候观众给出的分数属于情感分，完全就是"关联"在发挥作用。

有个国企员工朋友经常跟我抱怨沉浸在文山会海里面的痛苦。我问他："领导说过那么多话，你鼓过那么多次掌，写过那么多次心得体会。连一句都听不进去吗？"

他说："倒也不是。有一次讲到员工绩效考核办法的时候。我就听得特别认真。"

我哈哈大笑。同样是关联带来的注意力。由于奖金的分配方式和他的切身利益相关，他自然听得认真。

绝大多数人只会局限在自己的经验范围之内，很少主动思考，自然抓不住别人表达的要点。但有关联才干的人，每逢要把自己的想法告诉别人时，总会自然地找到与对方有关联的地方。比如运用对方的经验和其熟悉的语言来增加亲切感。

同样描述一段距离，可以跟小区的邻居说，从某街到某街那么长。邻居每天都会经过这些路段，一下子就明白了。但如果对一个乡间老农说，就必须说有几亩几分田那样长。

关联才干一旦触及别人所特有的经历，就很容易让对方相信你的话。

学员晓丽就是有关联才干的人。她上台分享的时候，说自己每次举起咖啡的时候，望着腾腾热气，会忍不住想起参与生产这杯咖啡的系列环节。

烈日下戴着遮阳帽采集咖啡豆的女工，驾驶卡车运送咖啡豆的司机，加工厂手持烧杯的配方师，手脚麻利的包装工，还有门店里向客户极力推荐的售货员。晓丽觉得一举手一投足，莫不是与这个世界的关联。

晓丽是保险公司的业务员，在向老年人推销保险的时候，她会这样说："阿姨，我妈妈跟您差不多年纪。她虽然身体不错，但还是常常念叨，说怕老了以后给我添麻烦。"

老太太一听便感同身受地答道："是的是的，老人都这样啦。我儿子工作忙，我有个头疼脑热的也不敢打扰他。

孩子不容易啊。"

晓丽点头说："可话又说回来。光怕麻烦也不行啊。我妈妈去年摔了一跤，医生说她必须卧床三个月。她当时就愁哭了。我工作忙，家里也没有太多积蓄。这个可怎么办呢。"

说到这里，晓丽故意闭口不言，等到老太太急切地问："那后来咋样了？"

晓丽才说："幸好我早就帮我妈设置好了保障。有了这笔钱，不但解决了医保范围外的治疗费用，而且还请了个护工照顾她。我去上班的时候，她也能吃上热饭！"

"啥保障呀？"

见时机成熟，晓丽开始介绍产品，还顺势强调好的保障就是让子女省心，让自己省钱，让看病省事。

说话虽然由讲者控制，但效果却是由听者决定的。晓丽在和别人说话的时候，会预先洞悉对方的逻辑，与其保持在一个频道上。有了密切的关联性，才能逐渐引发客户的共鸣，才能把"沟通漏斗"变成"沟通扩音器"。她表示在跟客户的沟通过程中，不管对方提出什么问题，都可以将范围扩大，然后再从中寻找到适合自己的点。打开和对方关联性的通道，顺势也达到了很好的共鸣效果。

每个人目之所及、心之所向千差万别。他们像极了夜空中的繁星万点，看似相映生辉，实则远隔万年。他们走过的路、读过的书、见过的人都会炼化成语言，来阐述专属于自己的思想。

为什么有些母亲无奈地对青春期的孩子说："我要怎么说你才会懂？"

为什么有些爱而不得的人对他（她）说："我要怎么做你才会回头？"

为什么有些销售员对客户说："我要怎么做才能打消你的疑虑？"

答案很简单，因为你没有走过他们的路，读过他们的书，见过他们世界的人。你没有他们的成长经历，没有感受过那些担心、骄傲和放纵。所以，即使你们面对面、肩并肩、手拉手，沟通起来依旧是咫尺天涯。这种感觉很像你们站在隔音玻璃墙的两端，你撕心裂肺地呐喊，对方听到的永远是死寂一片。

具有关联才干的人，能轻而易举地成为别人眼里的"自己人"。他的心里有浩瀚星辰，有沧桑岁月。他可以看到每座孤岛，听见每朵花开，遇见每朵流云，因为那是他的大世界。每个人都用各种方式被关联到他的大世界里，所以他能轻而易举地通过语言把握住每个人的节奏。

人贵自知。具有关联才干的人是具有自知之明的群体，极具对生命的敬畏之心。他们知道自己的认知短板，通过与别人的联系，更清楚别人那里有自己不具备的智慧。在沟通中，他们很擅长透过别人的外表看到人性的本质需求。所以，他们能帮助别人了解天赋、行动、使命和成功之间的联系，从而理解自己在团队中的重要性。在分享经济的时代，他们很容易找到组织和社区内部的隔阂，打开阻碍分享知识的通道。

所见即所得，关联才干沟通的手法很像《天龙八部》里面慕容复的绝学——以彼之道，还施彼身。用别人的经历、思想、习惯去说服他们自己，无往而不利也。

伯乐生就一双慧眼

盖洛普优势理论这样描述具有伯乐才干的人：

你能发现别人的潜能。事实上，你常常只关注潜能。在你看来，没有十全十美的人。相反，每个人都处于"正在加工"的过程中。每个人都充满可能。而正因为如此，你对他们更加关注。你与别人交往的目的是帮助他们安排各种有趣的经历，来增强他们的能力，帮助他们成长。你孜孜不倦地搜寻他们进步的蛛丝马迹——稍有改变的举止，日趋精湛的技能，偶露峥嵘的佳绩，从蹒跚学步变成"行云流水"。有人对这些细微的变化视而不见，而你却从中辨认出逐渐发挥的潜能。别人的进步如同燃料，给予你力量和满足。久而久之，许多人会向你寻求帮助和鼓励，因为他们深知你的相助是真诚的，同时也能为你自身带来快慰。

韩愈在《马说》中这样描述伯乐：世有伯乐，然后有千里马。千里马常有，而伯乐不常有。故虽有名马，祇辱于奴隶人之手，骈死于槽枥之间，不以千里称也。

拥有伯乐才干的人，总是拥有一双"慧眼"，说话给人一种如沐春风的感觉。优势演说课堂上邀请具有伯乐才干的人上台时，有个叫小达的学员喊着："我推荐汪芳。"所有人齐刷刷地把目光聚焦到汪芳的身上，小达讲起了汪芳的故事。

汪芳和小达在同一家杂志社就职，两人是上下级关系。小达刚入职的几个月，总做一些打杂的工作。有一次组长交代他完成一个新栏目的策划案，小达两天没有合眼终于做出方案。可组长只是略微扫了几眼，就一脸不满意地数落道："你看看你做的是什么方案？毛病那么多，根本没法看，赶快拿回去改，要快，整个组都等你一个人！"

小达因为两夜未睡，听了这话自然火大，但还是压抑着心中的怒火，问道："请问哪里需要修改？"组长瞪了他一眼，大声道："哪里需要修改？你自己不会想啊，都问我要你做什么？真是脑袋进水了。"小达听完这话，气得手都在微微颤抖。

　　可能是组长说话比较大声，引起了主管汪芳的注意。她走过来，拿起策划案，认认真真地看了两遍，又拿笔在策划案上写写画画了几处，笑着对小达说："你做得很棒啊。创意十足，而且重点也抓得非常准确。要说不足嘛，主要是细节做得还不太到位，有几个问题我已经给你标出来了。不过这个也不能怪你，你入职时间短，对咱们社的情况还不了解。在方案落地方面需要再斟酌一下。好了，我知道你为这方案熬了两天，你马上回家休息一下，然后集中精力将这几处改改，你看行吗？"

　　汪芳的一席话，让小达心里暖烘烘的，他顾不上休息，就按照她提的建议着手修改策划案。最后这份策划案被一字不改地采纳了。不但如此，之后的部门活动，小达总是会积极地献计献策。从优势说话的角度来看，汪芳的伯乐才干的的确确激发了小达的工作热情。

　　全场热烈鼓掌，汪芳不好意思地站起身来，接过话筒说："其实我也没有小达说的那么好。只不过我与人交往时，总是试图发现他们的亮点，夸赞他们。我希望能帮助我接触到的人，我更希望能够从见识、高度上帮助到他们，打开他们的思维；希望他们积极向上，有更高的目标可以挑战，而不是止步不前，看到他们走向更高、更远的地方，我会很开心。"

　　汪芳不单帮助过小达，她看到另一个新人的超强学习力与数据分析能力，就使劲把他挖过来，鼓励他学习管理知识，培养他的数据经营分析能力，并引导他自己也认可这是成长的方向。还有一位实习生，汪芳要求他以终为始，学习PPT技能，鼓励他发挥策划的优势，让更多的人认识他。在向领导汇报时，她会很直接地称赞某个人做得很好，在某个领域很擅长。

　　教室里再次响起热烈的掌声。的确，像汪芳这样的领导，谁不希望成为她的下属呢。

　　敏锐的观察力和对现实的判断力，让具有伯乐才干的人说话时总能切中要害、发人深省，还能让人豁然开朗，转变人生态度。他们严于律己，在进步的同时也希望能指引更多的人一起走。他们从不吝啬赞美之词，并且总有办法让对方感受到这些赞美都是发自肺腑、符合事实的。他们热衷于帮助强者取得成功，而不是支持陷入困境的弱者。当然，在这个过程中，他们很少直接提供物质支持，主要是为对方找到人尽其才的机会。

　　《战国策·赵策》有云："士为知己者死，女为悦己者容，吾其报知氏之雠矣。"说的是人甘愿为赏识自己、栽培自己的人献身。

　　所以，用伯乐才干说话的人，可以轻而易举占据被感恩的心理优势。他们不但能轻而易举地说服别人，而且还能成为一盏明灯，为听者点亮未来的路。

体谅，时刻关注他人需求

盖洛普优势理论这样描述具有体谅才干的人：

你善解人意。你能体会到他人的感觉，就像体会自己一样。你能凭直觉通过他人的眼睛看世界，并分享他人的观点。你未必赞同每个人的看法。你未必怜悯每个人的困境，那是"同情"，而不是体谅。你未必赞成每个人的选择，但你的确理解他们，而这种理解的本能是威力无穷的。你能听到无声的提问。你能预料到需求。别人为寻找词汇而搜索枯肠，你却总能找到恰如其分的语言和语调。你帮助别人寻找合适的语句向自己或他人表达情感。你帮助他们倾诉其情感生活。由于所有这些原因，其他人也被你吸引。

很多时候，别人的生活发生了什么，他们正在经历着怎样的波折和磨难，站在自我立场的你可能并不知晓，你所看见的只是表象而已。换一个角度，你会发现，并不是只有你是这个世界的主角。所以体谅是沟通中非常重要的前提。

优势演说课嘉宾洪教授举着手机站起身，"说到体谅，我分享一个现实中的反面教材。"

有家公司的总裁让助理打电话约洪教授见面。本来洪教授不想去，助理对洪教授说："请别让我为难，见一面吧。"于是双方定下时间和地点，可是当晚 12 点的时候，洪教授刚刚睡着，这个助理给洪教授打电话，说要改时间。

洪教授长期患有神经衰弱的疾病，所以非常介意别人打扰他休息。他表示，当和一个人不熟的时候，不要随随便便打电话，可以先发短信，尤其要选择好时间，因为短信可以让人选择如何回复，电话看似高效，却让彼此都没有了缓冲的余地。也就是说，他再也不会给助理任何机会。

所以在这通电话里，洪教授就跟助理说取消约见。她又多次打来电话，洪教授一般情况下是不回复。

后来，她想办法找了其他人的号码打过来，说总裁还是想约见。洪教授直接回绝说不见。结果助理千方百计加了洪教授的微信，她愤怒地说："你为什么要让我为难？"

洪教授把微信截图发给我们看。很显然，到最后一步，这位助理还是只想到了自己。其实像她这样的人，生活中随处可见。

他们很可能也去学了沟通术、表达方式，但再好的粉饰也难以掩饰一个人骨子里所缺少的那种对他人的尊重。

只有把别人放在心里，我们才能说出攻心的话。

从这一点看，拥有体谅才干的人，天生就能感受到别人的情绪和处境。

说到这里，学员何鑫对洪教授说出了自己的沟通难题："道理都懂，但就是做不好。"

她去年刚升任主管，她怕不能胜任新职位，还专门买了管理学的书籍来研究。每当何鑫感觉下属们的工作状态出现问题时，都会很认真地和他们沟通。上个月，下属小芬的状态不好，经常在上班的时候心不在焉。何鑫把小芬叫到办公室，亲自为她泡了杯茶，并问她是不是有什么心事。

小芬摇摇头，只说没事，就一直沉默了。

可何鑫深感问题的严重性。她赶紧把自己的时间管理方法倾囊相授，可是小芬的眉头从头到尾都紧锁着，这下何鑫更着急了。

一小时过去了，何鑫竭尽全力把能想到的方法都告诉她了，可小芬还是没反应，只是不断地点头。见她心不在焉，何鑫只能对她说明天再谈。

小芬离开办公室之后，何鑫在去洗手间的路上听见小芬在隔间里打电话，她说："真要命，工作都忙不过来了，领导还找我谈话，对我讲了一小时的大道理，搞得我手头工作没收尾，真是烦呀。"

何鑫跟洪教授表示，当她听到"真是烦呀"四个字的时候，感觉像是遭到了迎头痛击。她知道这件事跟小芬没有关系，一定是自己的问题。但是，到底哪里出问题了呢？

洪教授笑了笑，说："首先我特别羡慕小芬有你这样的好领导。但我可能会在她状态不紧张的时候做个简短的沟通，相对而言，我会更加珍惜对方的时间，摸清对方肯听我说话的时限。在邀请她沟通之前，我会说一句，五分钟，可以吗？"

何鑫反应过来，说："就是说让小芬感受到自己对她的关心，而不是被打扰？"

洪教授说："当然，任何事情都讲究'度'，过犹不及嘛。就像那首歌唱的一样，用心良苦却成空。"

我更喜欢用一副自勉联来表达常见的沟通问题，"有志者、事竟成，破釜沉舟，百二秦关终属楚；苦心人、天不负，卧薪尝胆，三千越甲可吞吴。"

沟通是一个征服人心的过程，一味地逞强，所谓的苦心只会变成我们揣在怀里刺伤自己的匕首。到最后即便是破釜沉舟、卧薪尝胆以后，还是不能"属楚"，也不能"吞吴"。因为我们的滔滔不绝会让很多人困扰，而我们自己则会陷入恨铁不成钢的焦虑。

而具有体谅才干的人就可以轻松跨过障碍。他们经常会被贴上"老好人""知心姐姐"的标签。他们对别人的感受比较敏感，所以能容易地察觉环境气氛，轻而易举地从人群中找到正在经历困难的人，并对他们关心备至，架起互相理解、互相支持的桥梁。悲别人之所悲，喜别人之所喜。他们很容易被人当成知己并留下谦恭的印象。超乎常人的感知能力，为他们带来"直觉"，能预知即将发生的事情。这让他们更加轻松地获得别人的信任。

所以，从沟通的角度看，"铁"与"钢"的距离，就是体谅二字。具备了体谅才干，就能把百炼钢化为绕指柔。

和谐，众乐乐胜于独乐乐

盖洛普优势理论这样描述具有和谐才干的人：

你寻求共识。你认为，冲突和摩擦有害无益，所以你尽量将其化小。当你发现周围的人意见不一时，你力图求同存异。你力图避免对抗，寻求和谐。事实上，和谐是你的核心价值。尽管无济于事，有人却总想将自己的观点强加于人，这在你看来真是难以置信。我们如果避免固执己见，转而寻找共识和支持，岂非效益大增？你对此深信不疑，并照此原则待人处事。当别人鼓吹他们的目标、权益和神圣的信条时，你却守口如瓶。当别人朝着某个方向冲去时，你为了维系和谐，心甘情愿地修改自己的目标，以求与别人保持一致（只要他们的基本价值与你相符）。当别人为他们钟爱的理论或概念大发宏论时，你却避开争论，宁可讨论有可能建立共识的实际问题。在你看来，我们都在一条船上，必须同舟共济。这是条好船，大可不必为了逞能而扰乱它。

在优势演说的课堂上，我先给大家分享了一个反面教材。

有一天，姐姐为刚大学毕业的妹妹买衣服。姐妹二人喜欢的风格是完全不同的，姐姐喜欢比较大方的款式，妹妹则喜欢小清新的风格。她们去商场没多久，妹妹就挑选了一套田园风的碎花裙，美滋滋地开始试穿。

就在妹妹在镜子前自拍新衣服时，姐姐说："你都大学毕业了，怎么还喜欢穿这种幼稚的衣服啊。赶紧脱了吧。"妹妹噘着小嘴，说："我就是喜欢这种款式和风格啊，这小碎花多好看。我们上班是可以随便穿衣服的，不像你，在银行里工作必须穿制服。"

姐姐辩不过妹妹，就皱着眉头说："这个领子不好，太大了。如果你一弯腰，肯定会走光。而且这个衣服的面料也不好，雪纺的，哪里有纯棉的穿着舒服啊，你买真丝的也行啊！"

妹妹不悦："姐，现在就流行雪纺啊，多么飘逸。"

姐姐拿了一件真丝的连衣裙塞给她。妹妹说："这个衣服也太老气了吧。"姐姐坚决不让步，说："就这件吧，我付钱，我说了算。"

无奈，妹妹只好试穿了真丝连衣裙。虽然价格贵很多，可是她一点儿也不喜欢。

这个案例是我从沟通技巧的培训课程上引用过来的。当时的培训老师笼统地把它归因于"强迫他人"。培训老师是这样解释的：

在这个事例中，姐姐明明是为刚刚大学毕业的妹妹买衣服，却没有尊重妹妹的意见，而是根据自己的眼光为妹妹挑选了一件真丝连衣裙。实际上，衣服并不在于贵贱，面料甚至也不占最主要的地位。挑选衣服，首先是自己要喜欢，其次是考虑到别人看着是否舒服。姐姐显然本末倒置了，她以自己出钱给妹妹买衣服为由，强迫妹妹接受了她的选择。这样一来，妹妹穿新衣服的喜悦就没有了，只会觉得那件衣服如同鸡肋，食之无味、弃之可惜。原本一件好事，因为姐姐把自己的眼光和选择强加给妹妹，导致妹妹不开心。所以在说服他人的过程中，我们是否也犯过类似的错误呢？常言道，强扭的瓜不甜。很多时候，我们喜欢强迫他人，把自认为正确的观点强行灌输给他人，根本不在乎他人的真实感受和想法。这样的做法，显然是招人讨厌的。真正明智的做法，是先了解他人的想法，然后根据他人的心理状态，再结合自己的想法，做出最合理的说服工作，让人心服口服。

说到这里，我注意到具有和谐才干的学员高洁一直皱着眉头。我请她上台谈谈看法。

她点评刚才的案例说："我不太了解沟通的技巧，但如果我是姐姐，我一定会按照妹妹的喜好买。因为给妹妹买衣服，最重要的是表达心意，所以她开心比我开心更重要。我可以牺牲自己的审美去支持妹妹。"

用优势说话，根本无须记住规则、技巧。而只需要发乎本心，由着个人优势发声。一切声音都发自肺腑，自然而生。

以和为贵的确是中国文化的传统智慧，俗话说天时、地利、人和，这个和字，更是用优势说话的精髓和出发点。

因为说服的关键不是说，也不是教，而是让人心服。说服非说教，自己高高在上地说教他人，结果不仅不能说服，还会激发对方的逆反与抗拒心理。

所以沟通高手总是能做到小心谨慎，他们既能充分尊重对方的观点，又能巧妙而又有条不紊地阐明自己的观点，使对方心悦诚服。

高洁又问大家："如果大家要劝朋友减肥，会怎么说呢？"

有学员举手，说："就是会劝他多运动，问问他有什么困难，然后克服掉呀。"

高洁点头说："咱们可以演练一下，你试着现场说服我，可以吗？"

两人你一言我一语地在讲台上示范起来。同学们也好奇地聚在一边，看这种在日常生活中随处可见的减肥话题是怎么搬上舞台的。

高洁先说："唉，我最近又胖了，好羡慕你的身材，能锻炼得这么好。"

"是啊，你为什么不跟我一样，花点时间去慢跑，运动一下呢？"

"我也知道，但是工作太忙了，实在没时间。"

"我觉得还好吧，你真的有那么忙吗？连每天半小时都抽不出来？"

"啧啧，你哪里知道我们这种加班狗的苦。而且就算有时候早点下班，也是精疲力竭，哪有心情慢跑啊……"

"那为什么不试试晨跑呢，早起半小时，跑完精神会更好。"

"但我体力不行，跑不了多久，就会很累……"

"放心，体力是练出来的，只要持之以恒，就会越跑越轻松。"

"算了吧，我从没慢跑过，连双合适的鞋子都没有。"

"这是小事，我带你去买一双如何？咱们明天下午就去商场挑。"

"唔，我看下次吧……"

表演结束。高洁笑着问大家，有没有觉得气氛越来越尴尬了呢？的确，这是一个典型的说教场景。说教常喜欢用"为什么你不……"的方式，督促别人去做某件事。

当我们一直问别人"你为什么不……"的时候，就会很自然地让对方为不做这件事找出理由。人天生对说教有抵制心理。这个反应会让说教者情绪激动，用更强烈的语气，将他所提出的理由推翻，这个过程很容易会引起对方的反感。最后，说教者抛出一连串的质问：你真的不希望自己变得健康一点吗？难道你不相信运动有益健康吗？你为什么会一直处在这种抗拒状态中呢？

咄咄逼人的气势直接把对方逼到墙角，让对方在大脑中搜寻"为什么我不能去慢跑"的理由，并且在与你争辩的过程中，不断坚定自己的想法，也就是"我偏不去跑步"。

其实健康是每个人的需求，导致沟通失败的关键是说教的方式。讲到这里，高洁重新开始了刚才的表演，不同的是这次她扮演说服者。

高洁先说："咦，奇怪了，你看起来不是那种会注意身材的人，为什么会对运动感兴趣呢？"

"我也希望自己能瘦一点啊。"

"胖就胖嘛，有什么不好呢？"

"可是瘦一点的话，我穿起衣服来就能更有自信一点。"

"何必在意呢？反正我们又不会嘲笑你。"

"不是别人会不会嘲笑的问题，而是自己看自己也不开心啊。"

"那么，你打算怎么做呢？"

"六个字，管住嘴迈开腿……"

这场短暂的沟通表演，引来持续的掌声。大家可以看到，高洁在沟通中一直是在不断地问对方"为什么你会想要"，而每问一次，听者的脑中就会思考一次"因为我要……"的理由。这样的理由，就像埋下一颗种子，随着说服者的每一次反驳逐步升温，种子埋得越来越深，直至让他自己转变观念破土发芽。

最无聊的沟通无外乎"口舌之争"，结局也不过是"损人不利己"！富兰克林认为，在辩论和争辩中，你或许可以赢，但是你的胜利不值一提。因为，你赢了也无法得到对方的好感。

为你好，未必结果是真的好。不管是你说服对方买你的产品，还是为了对方好，只有建立在彼此都高兴的前提下，才能皆大欢喜。

所以，用和谐优势说话，才能完成真正的说服——共赢。

物以类聚、人以群分。现代社会有各种各样的圈子，每个人都能根据自己的特征以及兴趣爱好找到适合的圈子。有人说，圈子对了世界就对了，事情也就成了。

具有和谐才干的人，却可以玩转不同的圈子，毫无违和感。他们可以轻松建立并拥有不同观点的人群关系网，所以他们的人脉资源是非常丰富的。开会时，他们会关注每一位发言者的观点，并找到所有人都赞成的观点，用这种方式把大家团结起来。他们天生具有尊重他人、欣赏他人的优点，当有知识经验更丰富或者技能更优秀的人介入时，他们会自然地站在一旁，邀请这些优秀的人共同商讨。这样的谦逊和蔼，让他们能获得比别人更多更好的建议和指导。

包容让海纳百川

盖洛普优势理论这样描述具有包容才干的人：

"扩大圈子"，这就是你的人生准则。你希望拉人入伙，使他们感到自己是团队的成员。有的人只参加排外的小团体；你却截然不同，处处避免排外团体。你希望扩大团体，使尽可能多的人受益于团体的支持。你最不愿目睹有人站在圈外旁观。你请他们进来，给他们温暖。你天生是一个来者不拒的人。无论是什么种族、性别、国籍、性格，还是信仰，你从不妄作评判。评判可能伤及他人的感情，不到万不得已，何必这么做呢？你之所以来者不拒，并不是因为你深信人各有别，继而应当尊重彼此的差异，而是因为你确信我们在本质上是相同的，我们一样重要。因此，谁也不应被忽视。我们每个人都有份。这是我们的基本权利。

他们任何时候都能够关心他人，身边可以聚集不同文化与背景的人，包括在外人眼里难相处的对象。他们的眼里能看见每个人的贡献和价值，而不是错误与过失。他们常常会强调团队成员的共同之处，帮助每个人认识并尊重彼此的差异，欣赏彼此的优点。相应的，团队中的人也会因此互相建立联系，从而增加整体的沟通力与执行力。

具有包容才干的学员米苏坦言："我和每个新人接触都有一见如故的感觉，我特别开心能和他们成为朋友。如果新人被排斥、被冷落，我会很难受，我想帮助他们。"

米苏入职不久，被抽调到部门新系统开发的项目组。虽然项目组有高额奖金，但工作紧、任务重，大家加班加点是常事,非常的辛苦。米苏也很享受跟大家一起奋斗的感觉。但没过多久,马姐却萌生退出的想法,原因是她刚上幼儿园的女儿需要每天接送。

米苏跟马姐交情不深。听说了这事以后,主动找到马姐:"我来帮你做分析表格吧,你早点回家接女儿!"

马姐看着米苏,显得很犹豫。

米苏说:"马姐,放心吧,这件事情谁也不会知道的。我单身一人,八点下班和十点下班也没有区别,你别让女儿等急了。"

就这样,马姐把工作交给米苏,按时下班去接女儿。米苏每天都按时帮马姐把表格整理好发到老总的邮箱里。

老总常常在例会上表扬马姐:"希望大家都向马姐学习,虽然家里有老有小,但是工作上从来不含糊,表格都是第一个上交的,而且数据准确、逻辑清晰。"

这件事让马姐对米苏感激不尽。之后米苏在工作上、生活上遇到困难,马姐会毫无保留地帮助她解决。

米苏的分享引发了一拨讨论的热潮。相对于语言包容而言,我们身边随处可见"苦口婆心"的人。例如,劝某位同事不该让自己的办公桌堆积太多的资料;劝某位同事说话的态度要变得温和些;劝某位同事心态要变得开放一些,要打开心扉,学会分享;等等。在他们的眼里处处是问题,人人有毛病。而实际上,他们解决不了任何问题,因为他们自己才是问题的制造者。

他们常常会说："别介意，我这个人就是直来直去。"紧接着就是指责和批评，最后更是标榜自己的话是苦口良药。

实际上，忠言不能和药类比。药是治身体病症的，苦药可以药到病除；而忠言主治的是人的行为，如果说的话让别人反感，还怎么可能"利于行"？

当代教育家魏书生说："每件事情，至少有 100 种处理方法。"其中包容的智慧可以使问题处理得游刃有余。

提到教育，米苏又回忆起中学时代的场景。语文课上老师正在讲解《出师表》。突然天气转阴，窗外下起了鹅毛大雪。米苏说，那是入冬的第一场雪。他忍不住伸长脖子向外张望，其他同学也跟他一样按捺不住，虽然坐在课堂里面，但心思早就飞出去了。

语文老师看到这种情况，并没有批评大家，而是把课本在空气中一挥，又重重落于讲台，斩钉截铁地说了三个字："赏雪去！"

米苏和同学们一阵欢呼，恨不得把语文老师举起来扔到空中。他们一窝蜂地跑出去迎接漫天大雪。但新鲜劲维持不了五分钟，冻得直哆嗦的米苏就和其他同学一起回到了温暖的教室。

但这时语文老师并没有再讲课，她引导大家围绕雪展开联想，写一篇作文。米苏说那次作文他拿到了最高分，也正是那次，他真正学会了联想。

他永远记得语文老师说过的话，《出师表》今天讲不成，可以明天讲。雪却可遇不可求，更何况还有这么多年华正好的同窗。

米苏陈述这段往事的时候教室里很安静，所有人都屏住呼吸静静地听，似乎少年米苏被善待的幸福正映照在每个人的脸上。

我想，这应该是用优势发声最成功的地方。即便多年以后，当年的同学们已经不记得《出师表》，但还记得那一声"赏雪去"，那蜂拥出门的欢快。

海纳百川，有容乃大。无论是教书育人，还是职场沟通。人与人之间的信息互动是很微妙的，也许前一秒还是朋友，后一秒就变成了敌人，抑或相反。但拥有包容才干的人，像是圆心，能用语言让社交半径越来越大，让沟通效果越来越好，多年以后回忆起来仍是温情满满。

个别让个性十足

盖洛普优势理论这样描述具有个别才干的人：

你的个别才干使你对每个人的与众不同之处兴趣盎然。

你不能容忍一概而论或简单归类，因为你不想抹杀个人特点。相反，你关注个人差异。你本能地观察每个人的风格、动机、思维方法和交际方式，倾听其独一无二的生活经历。这一才干可以说明为什么你能为朋友选择恰到好处的生日礼品；为什么你知道有人喜欢，而有人讨厌当众受表扬；为什么你能因材施教，对有的人手把手地教，而让别的人"自己琢磨"。由于你密切观察别人的优势，你就能使每个人真正做到人尽其才。这一个别才干还有助于你建立高效的团队。有人寻求完美无缺的团队"结构"或"过程"，而你的直觉告诉你，优秀团队的秘诀在于根据个人优势分配工作，使每个人都能多做他们最擅长做的事。

这世界上没有相同的树叶，也没有一样的人。具有个别才干的人，总能从细节处推断不同人的特点，再由点及面进行系统的论断，从而做到多元见于细微差别之中。他们会顾及并尊重对方的好恶，从不一概而论、以偏概全。这让身边人逐渐认识到每个人都有独特的需求，很快，具有个别才干的人，常常会被期待解释不同人的动机和行为。在沟通中，他们的话题与观众的个人经历一旦联系起来，会比一般性的信息或者理论更能说明观点。他们在各种文化和风格之间自如游走，轻松地进行个人化的互动。他们能通过倡导多元和共性的努力，积极、有意识地去充分发挥这些才能。

在优势演说课程上，学员朱琴说："我觉得跟人说话就像是中医开药方一样，讲究对症下药。对象不同，需求不同。当然要用不同的'沟通药方'。汝之蜜糖，彼之砒霜嘛。"

朱琴的本职工作是化妆品导购员，刚实习的时候，她和其他新人在主管的带领下学习如何为客户介绍产品，其中一位叫彤彤的新人主动跟柜前的客户说："请问您是什么肤质？"

顾客说："我也不知道。"

彤彤马上说："不知道没关系，我们这款化妆品清爽补水，适合多种肤质。那么，您平日里是喜欢轻薄的妆容，还是喜欢浓妆呢？"

顾客想了想，说："我很少化妆，想清爽一些吧。不过，偶尔参加晚宴，应该还是要浓一些。"

彤彤立刻说："我们这款化妆品就很适合清爽的妆容，非常接近于裸妆。如果您喜欢化浓妆，只需要多买一款口红，选颜色鲜艳一些的就可以出席晚宴。"

顾客听了之后笑着说："你这个导购挺有意思，这么说你家的这一套化妆品，就是万能的啦？"

彤彤点点头，说："适合任何场合、任何地点、任何人。"

这么说完，顾客冷笑一声，说："你家的化妆品没有任何特点。"

彤彤被呛得脸色发白，主管问她说："你知道问题出在哪里吗?"

彤彤疑惑地摇摇头。

主管说："因为你太贪心了。你把化妆品说成是全能型的，顾客怎么可能相信? 你必须突出重点，才能让顾客信服。咱们家那么多化妆品，针对每种肤质的都有，你又何必要把这一款化妆品说得神乎其神呢? 你必须为顾客分析，然后有针对性地给她推荐，这样才能有效。"

听了主管的话，实习生们纷纷点头，但朱琴若有所思的样子引起了主管的注意，"你有什么想法吗?"

朱琴笑了笑，说："咱们的化妆品种类繁多，可是前来购买的客户更是成百上千呀。每个客户的销售切入点都不一样。我们应该对症下药。"

她刚要说下去，柜台前又来了一名客户。主管笑了，示意大家不要动。这回让朱琴来现身说法。

朱琴当仁不让，直接走过去，指着客户放在身边的高尔夫球杆说："女士您好，请问这球杆是您的吗?"客户："是啊!"朱琴："哎呀，这是专业高尔夫运动员选择的牌子。刚入门的人一般不会买。您一定是内行了。"

客户脸上浮起笑容："这是我去年去欧洲旅行时买的，怎么，你会打高尔夫?"

朱琴摇头："不不不，上次我接待的一位贵客，就是用的这个牌子。我觉得会打高尔夫球的女士气质都很高贵。"

眼看着这位客户的兴趣被勾了起来，朱琴趁机步入主题："打高尔夫球平时需要注意防晒呢，我推荐的这个品牌是专门针对高收入人群的产品，品质是一流的，正好配得上您这样高贵的身份！就是这款，上次那位贵客都找我买了两回了。"

这一番话说下来，客户开开心心地买了一组化妆品。

客户离开以后，主管带头为朱琴鼓掌。一下子获得这么多赞誉，她顿时涨红了脸。彤彤问："你的切入点是高尔夫球杆？"

朱琴说："所有的销售员都知道赞美客户，但赞美也要根据不同人的情况。比如刚才那位客户，带着高尔夫球杆，穿着平底鞋。看打扮是要去户外运动的。所以，找准切入点以后，我'对症下药'的方式，就是先把她往运动型贵妇阶层定位，再指出她的防晒需求，根据她的肤质推荐我们家的产品。这样就很容易完成销售了。"听完这些，主管对朱琴大加赞赏，并当场安排她提前转正。

听完朱琴的分享以后，我告诉学员们，其实人都有追求完美的心理，说话的时候怕说不清楚所以把每个细节都照顾到。但说得越细，对方越容易如坠五里云雾之中。这就像是写一篇文章，不可能像记流水账一样把每件事情都写得清清楚楚。只有重点突出，才能主次分明，条分缕析，这就是谋篇布局。在说服他人之前，我们也应该认真分析，做好预案。只有在说服过程中突出重点，才能解决主要矛盾，直至彻底解决问题。

而拥有个别才干的朱琴，就能轻而易举地利用对方的特质，抓住说话的重点，最终取得非常好的沟通效果。

很多人会从电影里面学沟通技巧。但电影中英雄人物富有魅力的"说服"，实际上是"命令——屈从"的过程。更有力量的一方所取得的使对方心悦诚服的胜利，全部都是虚构的。

在日常对话过程中，如果也依法炮制，只依靠命令式的强制力量是达不到任何效果的。因为心悦诚服、深度共识只能诉诸平等的交流和高度契合的结果。而拥有个别才干的人在沟通之前已经让对方感受到足够的平等和契合。所以，这就是因地制宜、因事制宜，更是赢在先机。

积极，向上的原动力

盖洛普优势理论这样描述具有积极才干的人：

你慷慨赞人，笑容可掬，不失时机地捕捉他人的闪光点。有人说你无忧无虑，还有人希望能像你一样乐观豁达。无论怎样，人们喜欢与你相处。有你在，他们的世界就会变得更加美好，因为你的热情是如此富有感染力。少了你充沛的精力和乐观的精神，有的人就会感到他们的世界重复而乏味，甚至压力重重。你似乎总能设法活跃他们的心灵。你为每个项目注入勃勃生机，激励人心。由于你总是精力充沛，会受到某些玩世不恭者的排斥，但你的积极才干使你很少灰心泄气。你内心深处确信：活着无比美好；工作充满乐趣；无论遇到什么挫折，都不应失去幽默感。

拥有积极才干的人就像阳光，走到哪里都给人如沐春风的感觉。介绍这位拥有积极才干的学员之前，我想起一件趣事。

由于教室场地有限，优势演说班每一期的人数是有限制的。当剩下最后一个名额的时候，却有三位同学一起报名。

遇到这种情况，我们一般会根据签到的先后顺序决定。但处理这件事的工作人员思思却"徇私"让最后一个签到的王铮报名了。

思思给出的理由是，王铮笑容满面，又待人热情，跟他在一起的时候似乎温度都升高了。

"让我们因为加班而苦闷的心情都好转了不少。"思思怕说服不了我，又补上一句，"所以我觉得咱们这期培训班需要这样一位具有积极才干的人。"

因为这件事，我在上课的时候格外注意王铮。讲到积极才干的时候，当仁不让地要让王铮上来分享心得。他上台的经验不多，有点紧张，说："我觉得我运气蛮好的，经常能遇到贵人，给我开个绿灯、小灶什么的。"

我知道他众多的贵人中肯定包括思思。我引导王铮发言，说："那么就说说你遇见贵人的经过吧。"

他回忆着，说："我是做销售的。有一次带着产品去见甲方，看到排队的人很多。我夸了秘书一句，说他的气质很好。结果他就先安排我进会议室等候，并热情地向领导介绍我。后来领导跟我聊了很久，结束的时候秘书又亲自送我到电梯口。现在我们是很好的朋友，当然有了秘书的帮助，我对甲方的需求也了解得更加透彻了。接下来的项目竞争中，我占尽了优势。"

说完这些，思思说，"你的应变能力很强的。应该讲得具体一点，才对我们有指导性。"

王铮挠了挠头，他需要定期上门拜访客户。但谁都知道，大公司员工见多了各种各样的推销员，对那些千篇一律的推销话术早就十分厌烦。所以当王铮走进办公区时，几乎没有一个人愿意接待他。在这种情况下，王铮仍然保持着平静的心态，他礼貌地问道："对不起，打搅一下，我

是某公司的业务员，我们公司的产品非常适合贵公司，请
问我是否可以和经理面谈一下？"

一位员工从面前的文件中抬起头来，冷冷地对王铮说：
"经理不在，我们也不需要你的产品，请你离开吧。"

王铮并没有灰心，他亲切地微笑着说："好的，那我下
次再来拜访。谢谢您。"说罢，王铮双手递上了名片，他恭
敬热情的样子，使员工的脸上浮起一丝愧色。

第二天同样的时间，王铮又一次来到了这家公司。他
微笑着和那位员工打招呼，就像老熟人一样。对方居然也
露出微笑，还好心地提醒他："经理确实不在，你不要再浪
费时间了。"

可是王铮并没有变得沮丧，他微笑着向那位员工道谢，
还送了他一份小礼物，是个便笺本，之后就礼貌地离开了。

连着好几天，王铮都会在同样的时间到访，虽然一直
没有见到经理，但他表现得还是那么温和、亲切，以至于
其他几位员工也开始和他打招呼了。更加幸运的是，在员
工们的帮助下，王铮终于得到了和经理面谈的机会，并成
功地说服了经理，签订了订单。

说到这里，学员小董站起身来。他显然是带着难题来
的，他说："如果现在模拟拜访客户场景，你能不能表演一
下？"王铮欣然答应，现场气氛再一次活跃起来。大家都很
好奇王铮是怎么把"积极"进行到底的。

简单的准备之后，表演开始了。小董坐在办公桌前，他扮演甲方公司员工，正在文件上写写画画。王铮提着手提包满面春风地从门口走进来，说："请问这里是 A 公司吗？我是广告公司的，我看到你们发布的招标需求，所以就想来参加招标。"

小董头都没抬，就对他说："您把资料放在这里，我看完如果有需要再联系你吧。"

王铮笑着点点头说："您是不是想让我把资料放在桌子上，好赶紧打发我离开呀。"

小董手中滑动的笔顿住了，他抬起头来，看着王铮感到有些意外。

王铮一脸的可怜，说："我之前谈了很多这样的合作，客户都是让我把资料放在桌子上，然后就杳无音信了，让我心里挺失落的，您看我来一趟也不容易，光是堵车就堵了两小时。能不能耽误您 5 分钟的时间，让我把业务简单地给您介绍一下？"

小董扑哧一声笑场了，对我们全体学员说："我实在是找不到拒绝王铮的理由。我觉得我会给他至少 20 分钟时间。"

对手的肯定是最大的赞美。王铮对小董做了感恩的手势。此刻所有人都为他们的精彩表演鼓掌，更感谢王铮分享的积极精神，只有相信生活有无限可能的人，才会去创造生活的无限可能。

我打开 PPT,屏幕上出现一只木桶和一把勺子。这是一个经典的比喻,每个人都有一只看不见的水桶和一把看不见的勺子,水桶满溢使人乐观积极,水桶见底令人丧气消极,我们可以为各自的水桶加水,也可以从各自的水桶里舀水。我们习惯从别人那里舀水为自己加水,就像自私地不愿意给人赞赏、快乐、感谢,那么最终我们一定会失败。

具有积极才干的人,总是从自己的水桶舀水给别人加水。这个至关重要的动作和选择,时刻都在提升着他的人际关系、工作效率和幸福感。他们当然清楚事情有好坏两面,但是他们天生热衷于美好的一面。他们不是天真幼稚,而是从积极处着眼,他们的积极是以现实为依据的,所以,笑容、快乐以及发自内心的赞赏,总能为团队带来更多的力量。久而久之,人们都希望从他那里得到快乐,这种感觉在时过境迁以后,演化成对他们的信赖。

而且,他们还比绝大多数人更加热情且精力充沛。当其他人心灰意冷或者不愿意承担风险时,他们的态度会成为团队前行的动力。时间一久,他们自然会成为团队的"强心剂"。

从心出发的交往

盖洛普优势理论这样描述具有交往才干的人：

你的交往才干描述你对人际关系的态度。简言之，交往才干使你与熟人的关系更紧密。你未必羞于结交新人——事实上，你可能有其他才干，使你从结交新朋友中获得无穷乐趣——但你的确从保持密友交往中汲取巨大的欢乐和力量。你对亲密关系感觉自然，一旦与人结识，你就会有意深化关系。你希望了解他们的情感、他们的目标、他们的恐惧和他们的梦想；你希望他们用相同的方式了解你。你深知这种密切关系可能存在风险——别人可能会利用你——但你甘愿接受这种风险。对你来说，唯有真诚的关系才有价值，而相信检验关系是否真诚的唯一方式便是完全信任别人。你与别人分享的越多，你们共同承担的风险就越多，你们共同承担的风险越多，你们就能证明彼此的关爱是真诚的。这就是你建立真挚友谊的步骤，而你这样做完全是心甘情愿的。

具有交往才干的人，有一个严格筛选对象的标准。一旦被认定为交往对象，他们就会推心置腹，不但敞开心扉，而且还为其操忙，情不自禁地深化关系。他们会帮助他人取得成功，并获得满足。他们更希望被看作家人而不是上级或者某个头衔。由于人际关系是双向的，他们的主动付出会让别人立刻感受到真实，从而获得更多的机会建立牢固和持久的关系。

拥有交往才干的学员付琳是一位做房产销售的业务员。她分享的是前些天闺蜜薇薇和男友王达来看婚房的沟通案例。

薇薇提前私下对付琳说："王达的父母不想出钱买房子，开始的时候王达也不想买，但是和父母一起生活实在不方便。现在他正左右为难着呢，所以我没事就拉着他出来看房子，怂恿他早下决断。"

付琳点点头，带他们参观新楼盘的同时在心里暗暗琢磨让王达买房的话术。

走了一圈下来，小区环境、户型、格局都让薇薇非常兴奋，可王达始终表情冷淡。付琳不断地说房子的优点，偶尔试探性地提一下价格，但一提到价格，王达的脸色立刻阴沉了下来，不断抬腕看表，似乎很不耐烦。

付琳感觉到情况不妙，她给大家倒了杯水，聊了几句家常，调整到一种"自己人"的气氛之后，她对王达说："我能体会买房子的人的感受，房价太贵了。现在的工薪阶层赚钱很不容易的。不过，咱们辛苦赚钱是为了什么，不就是为了生活得更好吗?"

她见王达没有什么表情,又接着说:"但前几天,我们这里发生了一件事。我才知道,精神高尚,未必生活幸福。"

小两口听到"精神高尚,未必生活幸福",都很好奇,她接着说:"这里来了一对看房子的小夫妻,他们与你们不同,结婚都三年了,一直没买房子,昨天在我们这里吵了一架。"

小两口问:"为什么?"

付琳叹了口气,说:"那天,来这里时妻子非常生气,说三年前就攒了一些可以付首付的钱,能买大房子。男方坚持说没必要,要和父母一起住。后来与父母一起住了三年,因为生活空间太拥挤,婆媳争吵不断,妻子都不敢要孩子。现在丈夫穷于应付,不得已同意买房子。但房价又翻倍,他们攒的钱只能够买套小房子。虽说当年很多人都夸奖那位妻子结婚的时候不要房子,和公婆一起生活,但是现在来看,如果他们早买房子,不但家庭关系和谐,而且早就生了宝宝。不像现在,既伤了和气,还要买房子,怎么算都不划算。"

一席话,说得面前的小两口有点犯怵。王达紧张的表情缓和下来,开始和薇薇讨论起筹集首付的事情。

付琳看到这一幕,心里的石头终于落地了,是真心地希望薇薇能过得幸福。

我记得付琳第一次向大家做自我介绍的时候，说自己从来都不是个口才好的人。但联系到刚才的案例，我们可以看出，所谓的好口才，指的不外乎是口语表达能力出众，口齿清楚、思路清晰。但口才的真义是说服对方。

具有好口才的人固然可以成为一个出色的演讲家，但却不见得具有较强的说服能力和沟通能力。因为只有了解对方心里究竟怕什么，不怕什么；要什么，不要什么；喜欢什么，不喜欢什么，以此建立起谈话的感情基础，才能晓之以理，动之以情，使沟通说服进展顺利。

荀子说："言语之美，穆穆皇皇。"意思是说，能达成有效沟通的语言就是美好的语言，因为只有这样的语言，才能光芒四射。穆者，意为形式美，它可以通过语言表达能力的本身达到；皇者，意为内容美，必须通过说话者的真情流露来达到。而这八个字的至高境界，只有具有交往才干的真诚才能做到。

会说话是本能，说得好才是优势

第七章

战略思维全盘考量

战略思维运筹帷幄

战略思维组的组员有分析、回顾、前瞻、理念、搜集、思维、学习、战略。我们可以从多个维度，粗略地了解该组的特征。

这组的小伙伴都擅长"想事"，善于思考团队的方向，帮助团队制定策略和目标。同时他们擅长获取并分析信息，以做出决策。

拥有战略思维才干的人如何运用自己的优势发声呢？

1）将自己前瞻的理念和想象力体现在言语中，塑造一个谋略家的语言风格。

2）细节、事实、条理融于言语之中。使听者感受经过缜密加工的语言，沉浸在有逻辑思辨能力的言语之中，让听者信服。

3）讲证据、会比较是此类才干的共有特征。在表述中也会尽量体现数据和比对，让语言更有说服力。

分析背后的逻辑支撑

盖洛普优势理论这样描述具有分析才干的人：

你的分析才干向别人挑战："证明它。告诉我为什么你的结论是对的。"面对此种质疑，某些人自鸣得意的理论会枯萎和瓦解，而这恰恰是你的目的。虽然你无意扼杀别人的观点，但你认定，他们的理论必须经得起检验。你自视客观和冷静，喜欢数据，因为它们既不包含特定的价值观念，又没有特殊的目的。有了数据的武装，你就会寻找模式和关联，你想了解某些模式如何互相影响。它们如何组合？它们有什么结果？这个结果是否与所提出的理论或面临的情形相符？你将表层逐一剥开，直至揭示其中的根源。别人认为你的思维逻辑严谨。久而久之，他们就习惯请你用严谨的思维来剖析某些人的"异想天开"和"愚钝"。但愿你的分析不要表述得太尖刻，否则，如果"异想天开"的是他们自己，他们就会刻意回避你。

大千世界，包罗万象，有花红柳绿也有电闪雷鸣。在具有分析才干的人眼里，这些都是事情的结果。为了避免一叶障目，不见泰山，他们会时刻手持"现象滤镜"，掌握规律，摸索起因，了解过程，"因为……，所以……"。在别人只看到结果的时候，他们逆推而上，探索成因；在别人纠结细节的时候，他们直击问题的根源所在。他们用逻辑、规律、数字诠释世间万物，甚至是人情世故，他们理解事情真正的前因后果，而不会被事情的表象、无关要素、感性偏见等影响判断。

在优势演说课堂，我邀请具有分析才干的夏言分享她的案例。她性格内敛，上台的时候还拿着提纲，生怕自己有遗漏。

夏言表示最近正代表公司对接广告设计，她在主管和设计师之间充当沟通的桥梁。这个工作看似简单，实际上挑战极大。她必须最大程度地了解主管的要求，才能提升设计师的工作效率。所以她每次去找主管之前都会做充足的准备。

主管说："这次广告公司给出的方案整体不错，就是标志需要再打磨一下，时尚感突出一点。"

夏言说："您的意思是，除了标志，其他部分可以定稿了，下次只需要向您介绍标志的新方案就可以了是吧？"

主管说："对的。"

夏言说："标志要想体现时尚感的话，您认为是青春活力的时尚、都市奢华的时尚，还是北欧简约的时尚？"此时夏言还出示了不同风格的标志图片。而这些风格，都是她提前找设计师要的。

主管用手指着最后一张图片："这个吧。"

在夏言的高效沟通下，设计很快完成了。而设计师也感慨，这是他从业十年以来，效率最高的一次。虽然绝大多数甲方说不清楚自己需要什么样的设计，但他们很清楚不要什么。所以无数次地否决设计师的作品，直到他们精疲力尽。最后甲方还会指责设计师无能。

教室里响起热烈的掌声。具有分析才干的人，会客观、准确地掌握一件事情中所涉及的核心数据以及逻辑关系。因此他们的眼光永远会落在实处，始终用数据来检视和指引行为，并获得精准的结果，相应的行动也会更有效率。

可是大多数人却截然相反，他们是懒于接触数据的，总是依赖个人的主观感受和猜测。毕竟真相来得远比想象要复杂和艰苦得多，所以多数人在平时说话的时候，都喜欢使用"差不多""也许""我觉得"这样的语言，而缺少具体、确凿的数据，更没有逻辑清晰的分析推断。

比如"我觉得这款产品还挺好的，你怎么不试试？也许就有效果呢。""今天运动量差不多了，你肯定能瘦。"

这种没有说服力的话，俗称"耳旁风"，从左耳进右耳出。可具有分析才干的人，拿得出数据、列得清逻辑、找得到成因，会直接说到听众的心里去，能带来一语中的、豁然开朗的效果。

南北朝时期，我国著名的文艺理论家刘勰就直言："一言之辩，重于九鼎之宝；三寸之舌，强于百万之师。"任何时候，人们都需要根据智者的言语明辨是非，看清楚格局与利害，从而做出理性的选择。

这样的智者，一定是具有分析才干的人，他们在任何时候都言之凿凿，掷地有声。

回顾，请时间说话

盖洛普优势理论这样描述具有回顾才干的人：

你往回看是为了寻找答案。你往回看是为了了解当前。从你的制高点看去，当前变动无常，杂乱无章，唯有回首以往，回到策划之初，当前才重归平静。以往是一个简明的时代，一个描绘蓝图的时代。你回顾以往，目睹蓝图浮现，继而重归初衷。这些蓝图和初衷后来被装饰得面目全非，无从辨认，但是你的回顾才干使它们原形再现。这一认识使你充满信心，你排除了干扰，在了解事物内涵的基础上明智决策。由于对同事们非常了解，你就能更好地和他们合作。面对新人和新形势，你总是需要更多的时间来适应。因为你必须找到发生变化的原因。任何时候，由

"因"及"果"，才能让你展望蓝图，充满自信。

　　不知过去，无以研判将来。对于具有回顾才干的人来说，从来没有新的一天。所有的当下都是过去所有的积累。所以要想过得更好，只能不断总结，修正。他们绝不是"生活在过去"，而是真正的实施变革的倡导者。他们前进的步伐可以走得更稳健、更远大。因为他们比绝大多数人都能更加清晰地判断过去的哪一方面是可以舍弃的，哪一方面又是必须保留从而实现持续发展的。在沟通方面，他们很容易为别人描绘生动的画面，结合过去的成功案例为别人指出未来的样子。这就在很大程度上加强了他们的信心和情感投入程度。

　　具有回顾才干的张琦在分享的时候说："别人都说，活在当下。但我是不可能根据当下来做判断的。比如说新认识的同学们，我无法根据此刻的感受跟他们交往。我必须参考他们过去的经历，了解他们从哪里来，父母是做什么的，家庭如何，大学学什么专业，甚至穿衣用度。只有通过这些要素，我的脑海中才能勾勒出一个人的大致形象，才会有感觉。"

　　"您是用拼图式的认知法？"课堂上有学员提问道，"认知前必须拼凑各种要素碎片？如果是这样的话，那说明您对细节的洞察力非常厉害。"

张琦嘿嘿一笑，面露得意之色，说："这么多年都觉得自己是奇怪的人，跟别人不一样。但现在才知道，原来是具有回顾才干呢。"

张琦极其重视记录这件事，哪怕是绝大多数人眼里的小事情、过了就忘了的细枝末节，他坚信所有的一切都是具有价值的，都是值得记录的。

他目前的工作是销售助理，负责联络客户，跟进客户对产品使用情况的评价，对客户反馈进行答疑和汇总。他每天要联系几十个客户，即使再忙张琦都会做工作总结。除了按照公司的规定填写客户详情单，抄送给上司和销售部主管之外，他还会写一个简短的备忘录发送给上司，记录工作上的一些小事。

比如根据他整理的销售数据，公司的 A 型产品在这个季度最受欢迎，获得的用户好评最多，而 A 型产品恰好是上司参与开发的一款。这样一来，既汇报了自己在本职工作外的努力，还间接地夸赞了上司，一举两得。有些事仅仅是一件小事而已，没有太大的意义。即使这样，张琦也会将其写进备忘录里，即使上司没有时间看，至少邮件会存在上司的邮箱里，万一事后追究起来，也有据可查。

季度末，张琦参与制定销售部下一个季度的销售策略，根据上一季度的客户反映情况，有针对性地进行调整。方案讨论完毕后，张琦把一份长达 30 页的报告抄送给上司，这份报告将在下月月初打印出来，发送给各个门店的销售人员，考虑到会用大量的 A4 纸，张琦在邮件正文中添加备注：打印时，可将页边距缩小，这样可以打出更多的字，同时节省纸张。

这是一件非常平常、微不足道的小事，但引起了上司的注意。从那以后，开会时上司总不忘让坐在角落里的张琦说说看法，此刻张琦就会依据长期的积累和细致的观察，提出切实可行的建议。

佛家六祖慧能佛偈："过去不可得，现在不可得，未来不可得，要把握当下。"对具有回顾才干的人来说则不然。因为他们相信，今天的人们是过去习惯的结果。采用的沟通模式是"由过去，知现在，得未来"，所以他们能继往开来，无往不利。

前瞻，走一步看十步

盖洛普优势理论这样描述具有前瞻才干的人：

"如果这样，那该多好……"你是个喜欢遥望天际的人，未来使你着迷。未来如同墙壁上的投影，在你的眼中惟妙惟肖。这幅细致入微的图画催你奋进，奔向明天。虽然未来图景的具体内容取决于你的其他优势和兴趣,如更好的产品、更好的队伍、更好的生活或更好的世界,但它将永远给你以灵感。你是一个幻想家,能看到未来的种种可能,并会珍视这样的想象。当现实使你一筹莫展,而你周围的人又过于世俗时,你就会唤起对未来的憧憬,继而精力倍增,同时振奋别人。事实上,人们往往期待你描述对未来的种种遐想。他们希望看到一幅画卷来提高他们的眼界,继而燃起激情。你能为他们描绘这幅画卷。不断实践,字斟句酌,越生动越好,人们将拥抱你所带来的希望。

世界上没有所谓的现状,不是前进就是后退。具有前瞻才干的人,想象力非常丰富,他们总在寻找各种方案,各种不受现实羁绊的途径。他们会花时间思考未来,并让想法越发清晰,画面也更加生动。他们善于使用草图,通过每一步的行动计划或者模型具体分析想法和策略,帮助别人理解并提升感染力。他们不但可以接受当下的困境,也能鼓舞团队成员摆脱困惑,为未来的美好前景而激动、兴奋。

使用前瞻才干说话最有名的,莫过于曹操望梅止渴的故事。

东汉末年,曹操带兵去攻打张绣,一路行军,将士们走得非常辛苦。时值盛夏,太阳火辣辣地挂在空中,大地都快被烤焦了。曹操的军队已经走了很多天了，十分疲乏。这一路上又都是荒山野岭，没有人烟，方圆数十里都没有水源。头顶烈日，将士们口干舌燥，感觉喉咙里好像着了火一样。每走几里路，就有人倒下，哪怕身体强壮的士兵，也快支持不住了。

曹操目睹这样的情景，心里非常焦急。他策马奔向旁边一个山岗极目远眺，想找个有水的地方。可是他失望地发现，龟裂的土地一望无际，干旱的地区比想象中大得很。再回头看看士兵，一个个东倒西歪，早就渴得受不了了，怕是很难再走多远了。

曹操在心里盘算道：这下可糟糕了，找不到水，这么耗下去，不但会贻误战机，还会有不少的人马要损失在这里，得想个什么办法来鼓舞士气，激励大家走出干旱地带呢？

曹操灵机一动，就在山岗上，抽出令旗指向前方，大声喊道："前面不远的地方有一大片梅林，结满了又大又酸又甜的梅子。大家再坚持一下，走到那里吃到梅子就能解渴了！"

将士们听了曹操的话，想起梅子的酸味，就好像真地吃到了梅子一样，口里顿时生出了不少口水，精神也振作起来，鼓足力气加紧向前赶去。就这样，曹操终于率领军队走到有水的地方。

拥有前瞻才干的语言，就像神笔马良手中的画笔，把未来的样子勾勒得栩栩如生。在生动的画面之前，沟通力自然能提升百倍。

在优势演说课堂上，学员闫伟分享了他用前瞻才干说话的案例。他有个老同学想介绍太太加入闫伟的部门，说白了就是希望闫伟能教教她。

闫伟从侧面了解了一下，同学的太太因为做事情马虎还缺乏责任心，被之前的公司辞退了。她如果加入自己的部门，还不知道会惹多少麻烦呢。所以，闫伟就约同学吃了个饭。

酒足饭饱之后，闫伟说："你太太的能力我早有耳闻，确实是不可多得的人才，而且我们公司也确实需要人才。像这样的人才愿意加入我的团队，我感到非常荣幸，只不过……"

同学听到闫伟肯定自己妻子的能力，很是开心，可闫伟的一句"只不过"又让他紧张了起来。

闫伟不好意思地说："干我们这行实在是太辛苦，加班加点是常事。就像昨天晚上，我们整个部门熬到晚上 12 点才把下一期的活动方案做出来。几个小年轻因为路远，干脆就在办公室里囫囵睡了。如果你太太来我们公司，你是不是要来公司接她下班？如果你过来了，家里的两个小孩谁照顾？还是你带着两个孩子一起等她下班？"

　　在闫伟的描述下，画面油然而生：夜里 12 点，漆黑的写字楼停车场，私家车里一个男人对着两个哇哇大哭的婴儿束手无策。他想冲牛奶没有开水，想换纸尿裤又溅了一身。男人一边哄着婴儿一边探头看着写字楼上亮灯的办公室，都快要急哭了——"都几点了，求求你下班吧"。

　　见老同学的眼神飘过惊恐之色，闫伟又说："我们是多年的同学，我肯定不能让这种情况发生，会让你太太先下班。但其他熬夜的同事怎么会接受呢？时间长了，你太太一定会受到孤立。"

　　又一个画面出现了：同事们同甘苦共进退，早上开晨会的时候大家加油鼓劲，可是这位太太一走进来，所有人脸色一沉，四下散去。还有的人会冷嘲热讽道："真是命好，认识领导就不用加班了。"

　　太太不便当场发作，只能给丈夫发微信或者打电话，倾诉苦水。说着说着就抹着眼泪扯起了旧账，从坐月子留下了病根到现在吃苦受累，都怪自己当初瞎了眼才看上他……

　　老同学擦了一把冷汗，这些都是他没有考虑到的。此时闫伟说："我觉得可以让你太太去一家没有熟人的公司，这样她也能够得到尽情发挥的机会。我可以推荐一些这方面的职位给你，我相信凭借你太太的能力，一定能够找到最适合自己的职位。同学听到这里不禁连连点头，还向闫伟道谢。后来没过多久，同学的太太就找到了一个中意的公司，而同学和闫伟的友谊也没有受到这件事的影响，他们还是和以前一样无话不谈。

闫伟分享的时候，气氛相当热烈，几次都被掌声打断。他说话时候的手势、表情非常丰富，代入感极强。我们如身临其境一般观摩他和同学之间的斗智斗勇。

我想起另一个故事，一群人正在搬砖盖房子。有人去问其中一个人："你在干什么？"第一个人回答："没看到吗？我在出苦力，搬砖啊。"他又去问另一个人："你在干什么？"第二人说："我在砌墙。"他又去问了第三个人："你在干什么？"第三个人说："我在修一座宏伟的宫殿。"

第三个人手持一块砖的时候，心里装的是雄伟的宫殿。他甚至可以听见宫殿里悠扬的钟声，看到人们参加音乐会的盛装和广场上空飞翔的白鸽。他热爱想象中的画面，为了让它早日变成现实，他会用心砌好每一块转，填好每一寸土。

其实这三个人的工作内容都一样，就因为他们的思想不一样，他们的心情就不一样；就因为心情不一样，他们工作的质量、工作的效果就不一样。

具有前瞻才干的人，就像是第三个人，他会告诉你他看到的宏伟蓝图，然后跟你说："我们一起把它变成现实吧。"

有画面，有激励，双管齐下让这说服力无人能敌。

《孙子兵法》有云，"不战而屈人之兵"指的应该就是使用前瞻才干说话吧。

出奇制胜的理念

盖洛普优势理论这样描述具有理念才干的人：

你为理念痴迷。理念就是概念，是对大部分事件的最合理解释。当你透过复杂的表层，发现一个精彩而简明的概念，继而解释事物的本质时，你会喜不自胜。理念是一种关联，而你的头脑总在寻找关联，当表面截然不同的现象被某个不起眼的纽带联系在一起时，你会感到新奇。一个理念是对习以为常的挑战的全新见解。你乐于将我们熟知的世界转一个圈，让我们从一个陌生却充满新意的角度去看它。你喜爱所有这些理念，因为它们深刻，因为它们新颖，因为它们能正本清源，因为它们引发争论，因为它们怪诞。由于所有这些原因，每当你产生一个新理念时，你都为之一振。别人可能视你为锐意创新、标新立异、富于理性或聪明过人。也许这些你都是。谁又能说得准呢？你确信无疑的是理念使你激动不已，而大数日子里，这就足够了。

在团队头脑风暴时，拥有理念才干的人最具辨识度。他们永远能展现出惊人的创造力。每一天所接受的新知识、所了解的新信息，都有可能点亮他的思路，激发他创意的火花。他们最擅长"跨界"，学习其他领域的专业知识，听取工作以外的想法，联系完全不同的思路，从而产生新的点子，激发团队的活力。

在优势演说课堂上，我询问过同学们，最喜欢听具有哪种才干的人分享心得呢？答案正是理念。

与此同时，马力被推上讲台，他总是能像说书一样，摇头晃脑地讲些让大家啧啧称奇的经历。马力说自己在听相声的时候，发现一种套路，就是一个人问另一个人很多问题，另一个人连连称是，结果对方突然调转话头，他依然点头称是，观众们就被逗得捧腹大笑。

接下来，马力就把它提炼到理论的高度，在保持特定趋势的心理活动之后，人们的心理就会自发地形成准备状态，对即将面对的情况起到固定方向的作用。

这样的心理状态会导致人们对眼前发生的相似状态做出反应，如果对方偷换概念，就会造成完全相反的结果。

假如在谈判桌上巧妙利用心理定式，让对方在不知不觉中答应我们的要求，那么谈判就会顺利很多。毕竟，谈判桌上很多人说话都是三思而后行，因此即使不小心说出后悔的话，只要不导致严重后果，人们通常也不会反悔。这样一来，谈判结果自然会更加倾向于我方。

一位做药品销售的女学员立刻说："你可以把这种方法运用到推销药品上去吗？"

马力什么也没说，直接拿着水杯充当药品道具，走到她面前，面带微笑地问："李女士，心脑血管疾病对健康危害极大，是吗？"

女学员自然地说："是。"个别细心的学员听到这里笑而不语，马力故技重施，他已经顺利得到了对方的第一句"是"。

这句话本身虽然不具有太大意义，但确是整个销售过程的关键。

"预防心脑血管疾病，一定要高度重视平时的保健，是吗？"

"是。"

"以中医药为基础的保健品防治心脑血管疾病效果更持久，是吗？"

"是。"

紧接着这两个"是"，第四个问题，马力说："我这里的中医药是大品牌、老字号，您可以安心试试。"

女学员回答"是"的时候，全场哄堂大笑，连她自己都笑了。很显然，如果这是真实的销售现场，那么成交的可能性就很大了。

课堂安静下来后，我把同学们发散的思路重新拉回优势发声上来。我在 PPT 上展示了一个仓库的图片。我们每个人都有属于自己的仓库，存放的是人生经历、知识见闻、思想观念、经验教训、人生智慧等，这些就是每个人的"存货"，不同的人，仓库里"存货"的质和量都是不同的。

像马力这样，拥有理念才干的人习惯观察生活——善于总结——灵活运用，自然仓库里面的"存货"新颖、有效且丰富。在沟通时总是能有各种奇招妙法，把说服力提升到至高境界。

搜集信息提炼观点

盖洛普优势理论这样描述具备搜集才干的人：

你充满好奇，你爱攒东西。你可能搜集各种信息，比如词汇、语录和书籍；你也可能搜集有形的东西，如蝴蝶、垒球卡、瓷娃娃或老照片等。无论你搜集什么，你这样做是因为你感兴趣，你好奇心不泯。世界的激动人心之处就在于其多姿多彩、变幻无穷。如果你博览群书，你的目的未必是完善你的理论，而是积累更多的信息；如果你喜欢旅行，那是因为在新的地点你能发现新奇的人物和轶事。这一切均可收藏，为什么它们值得收藏呢？你在收藏之时，常常说不清为什么需要它们，可谁能说得准它们什么时候能用得着呢？由于想到各种用途，你什么都舍不得丢弃，所以你不断搜集、整理和储存各种"坛坛罐罐"。这很有趣，它使你思维常新。而且，也许某一天，有些东西会变得很珍贵。

具有搜集才干的人，思维开放，渴望了解一切。他们通过存储或者轻松查找信息的体系来满足好奇心。他们像海绵一样吸取各种信息，在不自觉的过程中就掌握了更多的事实、数据和思想，他们是"平民化"的专家。他们的身边会围绕越来越多的人，请他们分享知识和思路。在身边人的眼中，他们经常会被认为"无所不知""见多识广"。

搜集才干突出的人简直就是"好奇宝宝"，永远用新奇的眼光看待世界。用他们的话来说就是生命不息，探索不止。在外人看来根本没有必要去纠结的问题，他们却研究得津津有味。

课堂上具有搜集才干的学员方为分享了跟父亲沟通的

案例。他的外甥小峰在日本留学，虽然向家里一直报平安，但八十岁的老父亲还是很担心小峰，常常夜不能眠。他怕小峰年轻不懂事，只顾着贪玩享乐，耽误学业。有一次在家庭聚会上聊到这件事，老父亲还是长吁短叹。

方为嘿嘿一笑，说："老爸，小峰在打算出国之前，我就在网上查了不少日本留学的资料，而且还跟日本留学过的几个同事也沟通了。我搜罗到不少信息，包括适应能力、学习、打工、生活四个方面，现在跟你汇报一下吧！"

只要是跟小峰日本留学有关系的，老父亲自然听得认真。

方为说："适应能力方面，无论是高中出国还是本科毕业出国，绝大部分留学生都会先去语言学校读两年日语，之后再深造。小峰虽然只读了两个月的语言学校就直接去高中备战高考了，但是目前小峰的日语水平已经完全适应生活。

学习方面，因为咱们国内九年义务教育基础扎实，加上小峰立志考研，学业不曾马虎，他每周只安排半天打工，其他时间都是上课学习。

打工方面，留学生多数是在餐厅洗盘子、送外卖。但小峰因为高考成绩好，就可以到复读班当老师。他作为大一新生，教比自己还大的学生，压力是显然的。虽然只有一两个学生，但小峰还是认真备课，甚至把教案用漫画的方式呈现出来，有趣又生动。小峰希望不但能教好他们，还能做出口碑。这样可以用更高的身价跳槽去别的补习班，收更多的学生。

生活方面，多数留学生在大学期间，消费从 7000 元到 10000 元人民币不等，有的甚至更多。可是小峰只用 5500 元，他会在晚上 9 点以后超市半价处理的时候购买食材。小峰极少在外就餐，一般都在食堂吃或者自己动手做饭。"

听到这里，老父亲不住地点头。方为还从家庭群里把小峰的照片翻出来，说："您看小峰这件衣服是三年前外婆给他买的吧，这书包是我前年送他的生日礼物呢，这水杯是不是您夕阳红旅游的纪念品呀。"

"对对对！我认识这杯子。样子老气，没想到小峰还不嫌弃呀。"老父亲两眼放光，哈哈大笑，连声说，"大家都讲小峰很好，可是我始终不放心。怕你们诓我，报喜不报忧。现在听方为这么说，真的很欣慰有小峰这么懂事的孩子呀！"

老父亲的心结解开以后，再也不失眠了。他还关注养生健身，说是要等小峰结婚后帮他照顾重孙子。

听到这里，学员们都露出会心的微笑。我告诉大家，每个人都听过坐井观天的故事，我们去过的地方、交往过的人、学习的专业以及工作的岗位，它们共同构筑了井口的面积和角度，限制了我们的视野和思维。可是具有搜集才干的人，却能打破局限，跨越时间和空间的局限，去理解这个世界，并把它的生机和乐趣用语言传达给身边的人，甚至嬉笑怒骂都能成文章。

比如我们熟知的李敖，很多人说听李敖"骂人"也是一种享受，因为他"骂人"的过程中，会给你很多信息，这些信息落在卷宗就是证据，放到议论文中就是论据。让人拓展了思路也打开了见识，真正"骂"出了境界，"骂"出了高度。

李敖是怎么做到的呢？主持人鲁豫曾走进李敖在阳明山的书屋。风光背后的李敖，大多数时间是在书房中用生命和时光来积累与记忆。这里堆满了书籍、资料、图片，令人心生敬佩的是，所有的资料都由他亲手整理，各类资料被分门别类地做好记录，他用胶水像小学生做功课一样认认真真地粘贴资料。正因为有这些资料，让他和别人争辩，甚至演讲的时候，拥有"舌灿莲花"的底气和实力。

《道德经》里提到：一生二，二生三，三生万物。就说话而言，这个"万"字实在是精髓所在。没有行万里路，读万卷书，领略万种风土人情的搜集，哪里能说得一清二楚，入木三分？又哪里能接二连三地做到一语中的？

思维无处不在

盖洛普优势理论这样描述具有思维才干的人：

你喜欢思考，喜欢思想活动。你喜欢锻炼你的大脑"肌肉"，把它们向四面抻扯。一方面，这种对思想活动的需求有可能是专注的，专注的焦点取决于你的其他才干。例如，你可能努力解决一个问题，或酝酿一个创意，或了解另一个人的感受。另一方面，这种思维活动很可能漫无边际。思维的才干并不一定限定你思考的具体内容，它只是表明你喜欢思考。你是一个喜欢独处的人，因为这样，你才能沉思冥想。你性格内向，在某种意义上，你是自己最好的伴侣，因为你常常扪心自问，并在自己身上测试答案。当你把自己的实际作为与你所思考的所有想法相比时，你的这种自省可能会使你略为不满。这种自省也能让你关注现实问题，如当日所发生的事件，或你准备进行的一场谈话。无论它把你引向何方，这种不停的思考都是你生活中的一个固定内容。

具有思维才干的人，常常需要集中精力思考，他们需要用这样的时间激发能量。此时，各种想法就像思想磨坊中的谷物, 产生有价值的见解。他们理解事物的方式就是与人进行智力和逻辑的思辨, 并鼓励周围的人通过整理问题和参与对话来充分利用他们的智力资本。在团队组建时, 他们有充足的时间思考和谋划, 会为项目的推进贡献最大价值。

拥有思维才干的人, 常常会带着若有所思的表情。或者说, 他们在上课的时候, 会常常"出戏", 陷入思考中。这个显著特征让我很轻松地从一众学员中注意到舒城。

舒城是保险推销员, 在新人阶段他一直无法适应工作。公司对业绩方面有严格的末位淘汰制, 而他几个月下来濒临淘汰的边缘。他非常苦恼, 自问别的业务员做到的他都做到了, 但问题到底出在哪里呢? 舒城只好把每天拜访客户的过程都录了音, 回家一遍遍地听, 想看看能不能找到答案。

舒城说, 他听到第十遍的时候突然明白过来。以往, 他每见到一个客户, 马上就用专业术语推销产品。然而他的客户大部分都是家庭妇女, 根本听不懂他在说什么。所以经常是他的话还没说完, 人家就用看待智障的眼神抱着孩子迅速离开了, 只留舒城尴尬地站在原地。

从那天开始, 他改变了策略, 不再直接推销产品, 而是带着小玩具去小区、公园转悠。他只要在小区里看到小朋友, 就会送给他们玩具, 还会陪他们玩一会儿。这样过去两个月，虽然他没有签单，却和很多家庭妇女成为好朋友。他去帮她们换过灯泡，修过水闸，还联系开锁匠，这时候的舒城只要一走进小区，就会有大姐、大妈亲切地跟他打招呼。

第三个月，开始有客户主动给他打电话咨询产品的事情。在他的推荐下，她们很高兴地买到了合适的保险，并且还帮他介绍了很多客户。不止一个客户说："舒城啊，我是不懂保险是个啥。但我相信你这个人。你说好，我就买！"

这份信任也是责任。一份份保单让舒城业绩飙升的同时，更让他确定，要为每个客户都预设不同的沟通方式。

舒城跟学员们分享思路：多数人说话都喜欢直来直去，殊不知，有些听众喜欢直截了当、开门见山，有些听众却喜欢用委婉的方式与人交流。那么我们是否也应该根据对方的性格选择合适的方式呢？这样才能避免意见不一致或者气氛尴尬，也会使沟通更加和谐、顺畅。

在战争中，迂回曲折的战术是经常用到的。避重就轻的好处是可以麻痹敌人，出其不意，攻其不备。当然，如果把这个战术用到说服工作中，效果则立竿见影。在愉快的氛围中，人们更愿意放松警惕心理，也能够打开心防，认真地听一听别人说什么，甚至会心甘情愿地采纳别人的建议。如此一来，岂不是皆大欢喜吗？

舒城坚信，但凡说服出现障碍时，只有思路才能决定出路。直接说服他人时，很可能遭到强烈反对，与其针尖对麦芒地辩论，不如改变方法，从其他的途径进行说服。

用思维才干说话的人，既能把道理说得清楚动听，又让人乐意接受信服。他们的话，既能"入耳"，更能"入心"。这样的人一定能在沟通场合纵横捭阖，成为意见领袖。

生命不息，学习不止

盖洛普优势理论这样描述具有学习才干的人：

你热爱学习，你最感兴趣的题目取决于你的其他才干和经历。但无论是什么题目，你总是受到学习过程的吸引。过程，而不是内容或结果，最使你兴奋。从无知到熟练、扎实而执着的进程使你精力倍增。入门的快感，初学者背诵或实践学到的内容，掌握一门新技术而日益增强的信心——这些学习的过程深深吸引着你。你对学习的激情促使你参加各种成人教程——瑜伽、钢琴或研究生课程等。它使你能在变化无常的环境中收放自如，无论是让你完成一个应急项目，还是要求你在短时间内成为某个专题的行家。学习才干并不一定意味着你力图成为某个专题的专家，或追求伴随某种专业或学术头衔的荣耀。相比之下，更重要的是学习的"路程"，而不是具体结果。

具有学习才干的人，不论担任什么工作，都会急于了解新情况，学习新技能，吸收新知识。在多数人惧怕新规则、新技能或者新环境的时候，他们对新事物的接受态度可以祛除恐惧，为自己带来积极的鼓舞。所以他们可以胜任与时俱进的工作，如果有幸与高手共事，他们会成长得更快，直至成为某个领域的行家里手。

提到学习，我把话筒交给具有学习才干的贺江，请他分享心得。贺江不好意思地挠挠头，半天都发不出声音。

我笑着提示，说："要不你就从为什么要参加优势演说课开始吧。"

贺江说："这个呀。我就是好奇自己能不能掌握优势演说，确切地说，我不但要学会而且还想达到专业水准，达到教练级别。"

好大的口气呀！全场哄堂大笑，大家已经习惯了贺江与众不同的思维方式。就在前一天，贺江还和另一个具有学习才干的张梁聊起了考证问题。结果发现对方考了一堆技术资格证书，如营养师、健康管理师、育婴师、会计师、健身教练证等。两人比了半天，最后贺江完胜，因为他有八本证书，张梁只有五本，所以现在贺江是全班公认的"学习"大神。

有人问贺江："你考那么多证干啥呢？"

"我就是好奇自己能不能考下来。"他一脸认真地回答。我告诉大家，如果贺江不热爱学习，也不会出现在演说班上和大家结识了。

但我们这毕竟是优势演说课堂，如何用学习才干来提升沟通力呢？贺江分享了一个案例。他在广告公司的策划部工作，公司刚刚花重金"挖"来一位设计大师作为部门经理。有一天经理召开部门会议，把马上要提交给客户的设计在部门内部先讨论一下。

经理想要听听大家的意见，一方面让自己的方案更加完善，另一方面也可以衡量大家的策划水平。

经理说："这是我做的初步方案，大家可以看看，提一提意见，不要有什么顾虑，发现什么问题尽管说出来。"

他用投影仪展示了自己的方案，大家马上争先恐后地赞美起来。有的说："不愧是我们经理啊，这想法就是别出心裁！"还有的说："经理这功力，我再练个十年也赶不上啊，真是自愧不如！"

各种各样的赞美不绝于耳，经理不置可否。他注意到贺江正认真地对着方案，在平板电脑上涂涂改改。

经理产生了浓厚的兴趣，他好奇地问："小贺，你在画什么呢?"

贺江懵懂地站起来对经理说:"我觉得这份方案好像有一些地方可以完善,所以我试着做了一下。"

经理听完贺江的话,点头道:"那你想到了什么? 说出来让大家分享一下。"贺江为难地说:"我开始认为这个方案还有可改进之处,于是我就修改了一下。大家可以看一下,这是我修改的几个地方……稍加对比就会发现,我修改之后的效果完全比不上原来的样子,我不得不承认,目前这份方案呈现的就已经是最佳效果了,这也说明了我这个'业余选手'和'专业选手'之间的差距还很遥远啊。"

听完贺江的一番话后,经理高兴地哈哈大笑起来,走到贺江身边,亲切地拍着他的肩膀说:"小贺,没关系,你已经做得很棒了。以后加油努力,你肯定能达到,不,超过我的水平。"

散会以后,有几个关系好的同事开玩笑地对贺江说,"你这拍马屁的功夫,我们是'拍马'都追不上呀。"

这句点评,让课堂上不少人笑出声来。贺江总结道:"我当时纯粹是在学习,但这番话却收到了极好的赞美效果。"

赞美必须有理有据,让所有人都能心悦诚服。贺江在赞美经理时,没有用陈词滥调去"歌功颂德",而是将经理的方案进行了一些修改,用对比的方式烘托经理的方案,由此就可以更好地证明经理的经验、技术、眼光都是一流的。

不仅如此，贺江还将自己比作"业余选手"，以此来烘托经理的专业素养，这会让经理感到十分"受用"，可以毫无芥蒂地接受并对贺江产生了更多的好感。

所有的简单都不简单。贺江的一句话就能获得经理的青睐，在场的同事还问他是不是去学习了说话技巧。但其实，用优势说话，一切都浑然天成，由心而发。

贺江分享结束以后，我提醒大家留心具有学习才干的人说话有什么特点。

学员们七嘴八舌地说："贺江好像什么都知道。"

"知识面太广，不管聊什么，他都能聊得起来。"

"听他说话就是能长见识，拓宽知识面。"

"听贺江一席话，胜读十年书。"

我用四个字总结：言之有物。曾有这么一位糖果店的老板，他从摆地摊做起，发展到批发糖果，办连锁店，生意如日中天，十分红火。有人问他的秘诀是什么，他的回答是"多抓一把"，就是每次给顾客称完糖之后，再抓一把糖添进去。十几年里，没有一次例外。这虽是不起眼的小事，却赢得了人心，许多人情愿多跑点路也愿意到他这里来买糖。

其实说话的道理也是一样。具有学习才干的人说话，能给对方这么一种感觉：通过和你说话，他就能感觉从你这里又拿了一把糖果离开。相反，有人聊了一整天，聊得越多越在别人面前暴露出自身的浅薄，让人觉得离开的时候脑袋空空的。

卡耐基曾说："我们天天都由所说的话所规定。我们所说的每一字每一句都表示出我们的修养程度。它使有鉴别力的听众明白自己与何种人为伍，它是我们教育文化程度的标尺。"

所以具有学习才干的人，永远都有一桶水，那么随时给别人一杯水，也是一件自然的事情。他满腹的知识以及自身的内涵，很容易迸发启发他人的话语，甚至是极富智慧的金句。

你若盛开，清风自来。

即便没有太多的沟通技巧，具有学习才干的人也能凭借强大的知识储备吸引听众。因为，有谁会拒绝成长呢？

战略的高度和广度

盖洛普优势理论这样描述具有战略才干的人：

战略才干使你能够透过日常琐碎，寻找前进的路径。

它不是一种可以教授的技能，而是一种与众不同的思维方式，一种独特的世界观。有了这种世界观，别人被复杂的事物迷惑时，你却能识别其中的规律。你将规律牢记于心，尝试各种不同的方案，不断问自己："如果发生这种情况会怎么样？如果发生那种情况会怎么样？"这些不断思考的问题会帮助你预防不测。如此，你便能够精确判断障碍在哪里。你看清各条路径的走向，就能进行筛选。你筛去死路，你筛去有屏障的路线，你筛去通往混乱和迷茫的路线……你不断筛选，直到你选定一条路线——这就是你的战略。有了战略武装，你就开始出击。这就是你的战略才干的动作模式："倘若……会怎样？"筛选，出击。

具有战略才干的人，常常能"洞察先机"。他们会设想各种结果，观察事情的走向。他们相信一切都事出有因，所以他们会更加关注前因后果。他们常常陷入沉思，睿智的远见能将问题消灭在摇篮中。思想让他们成为众人遇到问题时的咨询对象，他们能通过剖析让多数人觉得无望的事情梳理出希望，并引导陷入困顿的团队调整方向，重装待发。

具有战略才干的葛力在分享之前先抛出了一个问题——如果你刚刚入职一家心仪的公司，你表现良好、勤恳努力，憧憬着要成为职场达人。但没到一个星期，就被无理由解雇，你是什么感觉？

全场一片安静，大家面面相觑。葛力说，当初和他一同入职的有五个人，最后除了他以外的四个人全部在一周内被解雇。

葛力闭口不言，教室里有一丝悬疑的气氛。同学们开始窃窃私语，为什么公司招人又开除？为什么葛力可以留下来？葛力扫视全场见吊足了大家的胃口，才在大屏幕上展示巴菲特的名言：

如果牌过三巡，你还不知道牌桌上谁是傻瓜，那么你就是那个傻瓜。

教室里又是一片窃窃私语。葛力说，他有个"寻找傻瓜"的习惯。所以每到一个新的环境一定会尽快熟悉情况，找到拥有话语权的人，之后再结合自己的特点，找到对应的位置。

他入职的当天就发现采购部有两位决策人，一个是采购总监，另一个是采购经理。而这两个人对他们新人的态度天差地别。采购经理看见他们是和颜悦色，可是总监看到他们的时候，立刻脸色深沉。

葛力借着和老员工聊天的机会，他发现自己所任职的采购部表面上风平浪静，但其实正在陷入这两位领导的激烈斗争中。

采购总监是一个月前刚从总部空降来的，而采购经理是公司的老员工，一山不容二虎，两人在公司斗得很厉害。

总监不愿意被元老架空，成为空头总监。而经理在公司积累多年也丝毫不示弱，对新来的总监各种不服气。在这种情况下，部门招人的时候，采购经理跳过总监审批就直接把五名新人招聘进来，自然让总监极度不满。

葛力终于明白总监为什么不喜欢他们了。他从那以后开始有意无意地找机会接近总监。在工作餐的时候，他听见总监和大家随意聊天。有一次讲到健身，总监随口提到原来在总部办公楼下就有健身房，他天天健身。可是现在采购部在郊区，他也懒得开车出去健身了。

当天总监要下班的时候，葛力敲开了他办公室的门，递上三份材料，说："总监您好。偶然听说您找不到健身房。正好我有附近的几个健身场所的情况，我按照距离给您排列好了。您看看有没有适合的？"

总监有些意外，接过了材料翻阅了两下随口问道："你也才刚来两天，比我到公司的时间还短。怎么就搜集到这些信息了？"

葛力一脸笃定地说："我有健身的习惯。每到一个地方都要先去考察健身房。所以接到公司的入职通知那天，我就查阅了周边的地图。接下来我打算去 A 健身房办张卡，因为那里距离公司最近，而且器械最新，教练也专业。"

总监冰冷的脸上终于浮起一丝笑意。葛力不知道，正是这番对话彻底扭转了困局。

从这批新人入职的第一天起，老员工们就像在看宫斗剧一样。没事就聚在一起热议，采购经理擅自招人，激怒了总监。总监已经上报给总部老板，狠狠告了经理一状。老板也全力支持总监树立威信，同意他辞退全部新人。所以，老员工啧啧称奇地说，葛力作为唯一的幸存者，运气太好了。

听到这里，葛力挠挠头装傻充愣，自称从小到大都走狗屎运。

看到同学们哄堂大笑，葛力总结说，对他来说职场生存就是打仗，先制定好战略，之后才是战术。所以沟通当然是在这个思路上进行的。

此时，我在黑板上画了一个圈，只是并没有画圆满，留下一个缺口。

我问大家："这是什么？"

"零""圈""未完成的事业""成功"，学员们七嘴八舌地答道。

我点点头，说："回答的都对，但就战略优势发声技巧来讲，这个未画完整的句号，是沟通前必做的准备工作。具有战略优势的人会一步步引导对方去填满它。而填满它的同时，也就是达成了说服的结果。"

　　古语云：有道而乏术者不能发挥其所长，精于术而乏道者亦不能长久，精于术而明道者乃高人也！

　　葛力介绍的是沟通之"术"，而他能驾驭这些"术"的根本原因在于具有战略优势的"道"。道是全局的视角，术是说话的方式。最后，道为本，术为用，相辅相成。

会说话
是本能，
说得
好 才是优势

第八章

用自己的优势说话

根据"优势四象限"发声

优势演说课结束以后，34 位具有不同才干的学员的分享对林琅的启发非常大。我注意到她已经把每一种才干以及对应的发声方式都写了下来。她是这么理解的："盖洛普优势公式：优势 = 天赋 × 投入。接下来我要做的就是把它们发展为五大优势。与此同时，正如课堂上分享的那样，找到对应的说话方法。"

任何事情都会经历三个过程：知道、明白、做到。看来林琅已经完成了第二步。现在就剩如何知行合一，完成"做到"这个最关键的一环了。

天色有些晚了，我和林琅离开教室走在热闹的商业街上。林琅一边举着笔记本一边对照来来往往的人，嘴里还念念有词。

我知道她的心思还在优势四象限上，猜想快速判断别人优势的方法。我指着对面一个工艺品店对她说："之前你说很喜欢木器收藏，要不要去看看?"

林琅没有马上走过去，而是远远地注视着那位手工艺人。她在观察他的每一个动作，每一个眼神，还有过往的客人与他交流的状态。绝大部分时间里，手工艺人都在聚精会神地雕刻一只木碗，上面的花纹匠心独运。

林琅赞叹地说:"这只木碗太漂亮了。我一定要买。"

她上前问道:"您好，请问这只木碗卖多少钱?"

手工艺人头也不抬地回答:"还没做完，我也不知道能卖多少钱。"

林琅又问道:"没有完成我也愿意买，请问现在价格是多少?"

我知道林琅更希望买到一只完全雕好的木碗而不是半成品，她之所以这样说，只是希望手工艺人能给自己打个折扣。这点心思哪里瞒得过对方，他摇摇头说:"还没完工，现在不卖。"他手上的动作顿了一下，声音带着不悦。

林琅有些沮丧地看了我一眼，我冲着她点点头，鼓励她继续说下去。

林琅深呼吸了一下，表情由阴转晴，又挤出笑容，用诚恳的语气解释道:"我并不是故意捣乱，只是我明天早上就要离开这里，所以才会这么着急。"

可能是被林琅的态度打动了，手工艺人停下动作，认真地说:"如果你坚持想买，也不是不行，但价格会比成品还高。因为我本来有很多不错的想法要在这只木碗上展现，可是现在被你这么一打扰，就再也不能实现了，你让我失去了很多创作的乐趣。"

这个回答倒是非常有趣。如果是一般的游客，听到半成品比成品还要贵，肯定头也不回地就走了。我饶有兴致地等待林琅的答复。

林琅连连点头，声音放得更低了一些："你说得很有道理。我本来只是喜欢你的木碗，但是现在我更加欣赏的是你对艺术的执着和精益求精的精神，你是一位真正的匠人。为了表示对你的尊重，我现在就站在这里静静地看你雕刻。你可以耐心地创作，我等你完工后再购买。"

我在心里给林琅点赞。她用赏识之情打开了手工艺人的心门，果然他微笑起来，不再多说，手上动作明显加快了。最后他做完木碗，只收了低价还送了配套的木盘。

离开的时候，林琅喜滋滋地抱着木碗，脚步也轻快得像要飞起。还未等我开口，她就说了一大堆，"这是我买过最漂亮的木雕！真的没有想到用优势说话，效果能这么立竿见影。刚才的对话，让我有种战斗的感觉。虽然出师不利，但好在我有'优势说话宝典'在手，总算能知己知彼，百战不殆。"

知彼部分，是林琅看到手工艺人眼神锐利、表情严肃、说话大声，对工艺品技艺的追求到了执着的地步。所以林琅把他确认为执行力组的"信仰"类型。当然,与之对话的技巧正如优势四象限里面说的那样,绝不讨价还价,并充分地尊重他的权威和坚持。

而知己部分,林琅五大才干中的理念,帮她在刚开始沟通不畅的时候能迅速找到回旋的理由,把接下来的说服完成得合情合理。实在是敏捷又机智!

可以说,这是完成优势说话学习之后的第一次实操,林琅就能活学活用,效果斐然。相信她有十足的把握将才干锤炼成优势,与此同时,将优势说话运用到工作和生活中。

把才干发展成优势

半年以后,我收到了林琅的邮件,主题是"优势说话的学习反馈"。阅读邮件之前,首先映入眼帘的是一张照片,雅致的写字台上有一行醒目的毛笔字:优势 = 天赋 ×投入。很显然,那一定是林琅把它作为座右铭每天提醒自己的。看来她已经把盖洛普优势公式运用到极致了。

接下来的邮件内容果然符合我的推测。在接触个人优势之前,林琅在公司人力资源部做新人培训,负责为新入职的员工传达公司的章程以及基础要求。日复一日的工作内容让她非常压抑。有时候跟新员工讲着讲着，她就讲不下去了。不是因为辛苦，是因为她从骨子里的反感。相应的，新员工对她的评价也不会好，每一期员工测评时，林琅总是排在倒数。这让她越发没有了自信。

自从学习了优势演说以后，林琅根据优势四象限找到了自己对应的"战略思维"组。也找到了导致工作不顺利的根本原因——不是能力问题，而是她并不适合从事工作内容一成不变的培训岗位。

林琅利用公司轮岗的机会，争取到了新的机会——财务部的预算管理岗位。她认为这个岗位是公司成本控制的核心，整合数据之间的奇妙关联让她非常有成就感。她不但能从各个角度去挖掘成本节约的方法，而且会从过程优化方面提升公司的盈利空间。

当然，她的工作成果绝不会只局限于文字上。理由是人类沟通中的信息只有7%是通过语言文字传递的，38%是通过语气语调，55%是通过语言。所以她不会再像以前一样，逃避式地企图用一封 E-mail 或者是微信甩大屏的文字来解决问题，而是鼓起勇气，找到当事人面对面，开诚布公地讨论开来。这个过程中，林琅当然采用优势说话的方式。

比如她发现销售部的样品茶叶耗费量巨大，最近半年的耗费量在曲线图上呈现井喷式的增长。

林琅就此事跟多名业务员沟通，他们大倒苦水，每次跟潜在客户电话或者微信推广茶叶的时候，对方都会说："把你们的茶叶快递个样品过来，我们品一下再决定吧。"

业务员原本的做法就是满足客户的需求，可实际情况是快递大量的样品导致成本上升，谈成的生意反而更少。但如果不快递样品，又担心会影响和客户之间的关系。业务员谁也不愿意冒这样的风险。公司里业绩至上的考核制度，让业务员们都采用"广撒网"的方法，所以茶叶样品的成本逐月增高。

林琅继续了解情况，说："快递样品以后，如果口感满意，客户就能立即大量采购吗？"

他们说："可能性不大。一般情况下客户感觉茶叶好会通知我们，我们就会直接过去当面落实合同。多数要来回沟通好几次，才能成交。"

林琅给出建议："如果是这样的话，可以拒绝快递样品。但是拒绝客户的方法要巧妙。"

业务员们问："那是不是说最近茶叶太贵，不能免费赠饮呢？"

林琅说："这样拒绝太生硬。既然不接触就成交的情况并不多见，你们不妨把销售过程中的一个环节提到前面来，就能貌似没有拒绝要求，又能甄别出真正的客户。可以这样说，我们以前经常给客户快递样品，但是效果不好，您看这样可以吗？您如果需要茶叶，我就带着茶叶过去拜访您，亲自和您沟通，并谈定供货细节，好吗？"

林琅给出这样做的理由，至少起到了两层作用。

第一，甄别客户。索要样品的客户是真的有需求还是出于占便宜的心理，这是一个巧妙的试探。原本快递来的茶叶，没有见面的压力，喝完以后不给消息也无妨，但如果是见面，业务员到了，压力就来了，面对面的交谈会提高他占便宜的成本。一般情况下，没有需求的客户不会为了一小包茶叶花时间来接待业务员。

第二，耗费时间。多数愿意让业务员去公司拜访的客户，是有茶叶需求的。当答应见面的客户被选择出来的时候，业务员去了，哪怕是聊半小时，也会占用客户的时间。值得强调的是，时间也是成本，对方付出的时间越多，就意味茶叶上面的价值越高。有需求的客户会倾向选择他付出时间较多的那笔业务。

后来，业务员按照林琅的话术沟通，果然反馈很好。与此同时，茶叶样品的成本也一下子降了下来。

这件事随之被整理成案例，在财务部的会议上分享。可以说，原本陷入职场迷茫区的林琅突然迎来了峰回路转。

林琅的变化让我感慨良多。同样都是说话，她之前在人力资源部的培训岗位被评价最低，可是现在却能解决销售痛点。至于和谐才干，也在职场上帮了她大忙。

半个月前，林琅的上司被调到了集团总部，新上司年纪轻，看起来也不太随和。

一时间，部门内部出现了不少议论的声音，许多同事都说"新上司资历浅、脾气差，根本比不上原来的上司"。林琅自然也听到了不少这样的议论，不过她从来都不会参与其中。

新上司召集人员开了部门会议。在会上，新上司对未来的工作提出了一些要求，并制定了一些新的部门规章，结果几个同事一起表示反对，你一言我一语，不停地说"以前的规章就挺好的，根本没必要改""按照老上司的办法做就可以了，大家都习惯了"之类的话。

新上司没有想到会遇到这种局面，气得脸色铁青，开口问她："林琅，这件事你有什么看法？你也觉得我的方案有问题吗？"林琅一下子愣住了，同事们也都盯着她看，让她有些不知所措。

林琅非常清楚，在这种时候，无论自己赞同哪一方的意见，都势必会得罪另一方，于是林琅沉住气，微笑着说道："我觉得老上司的做法和新上司的方案，都是为了我们大家着想，都有助于我们部门的业绩提高，只不过出发点不同，才会有分歧。"

接下来，林琅又从新上司的角度出发，结合部门的现实情况，一条条分析了其中的优点并指出了一些不太适合目前施行的细节。最后，林琅诚恳地说道："作为秘书，我也要为自己的失职向大家道歉。有一些情况我应该早点向新上司交代清楚，那么他在制定规章时就会更有把握，也不会让大家误会他的意思了。既然我们大家在一起共事，我建议我们多配合一下新上司的工作，让我们的部门发展得更好。"

听完林琅的一番话，新上司的表情轻松了很多，他用感动的目光看着林琅，微笑着连连点头。之后，新上司征求了全体同事的意见，把自己的方案做了一些修改，同事们也改变了抵触新上司的态度，办公室的氛围变得更加和谐了。

林琅在会议上的出色表现，是把分析、理念以及和谐才干综合使用的结果。事实证明，她的优势在哪里，沟通力也就在哪里！

优势＝天赋×投入。每个人最大的成长空间来自优势领域，天赋是一个人的上限。如果错误地投入到弱势才干上，那这个上限就太低了。优势才干的挖掘和发挥，能够让林琅从不自知到自知，更有意识地驾驭自我，更有目标地和外界互动。实现了在不确定的时代，确定的生活！

分析才干除了助力工作，更为林琅的生活贴上"较真"的标签。比如大家去健身房都有被健身教练游说办私教卡的经历。可是林琅自从找到优势以后，就变得不同了。

她认真地听完健身教练叙述以后就回家做功课，隔了两周，她又来到健身房找到那位教练。教练已经不记得她了，像背书一样重复了上次的说辞。

他的话术包括：小姐你的体适能评估数据显示……现在你需要……方面的训练。建议从……开始入手。一周……次，只要坚持就一定能看到效果。

林琅反问："你做健身教练多久了？你有资格认证吗？我今年25岁，体重60公斤，最适合的运动心率是多少呢？热身的时候要使用什么器材？还有，去年我的膝盖拉伤疼痛至今，训练的时候需要注意什么吗？我在三个月内计划减肥五公斤，但又偏重口，爱吃咸和辣，这在饮食上要怎么配合才能合理呢？"

一连串的问题，教练都听蒙了。

林琅告诉大家，她第一次去健身房是本着健身的目的，但发现教练对每个人的说辞都一样。她本能地觉得不对劲，开始怀疑他们的专业性。所以消失的两周里，她做了三件事。

第一，研究健身、营养学。对肌肉、心率、营养摄取等方面的知识做到心里有数。

第二，了解健身房教练的现状，发现教练队伍良莠不齐。其中不少教练是培训了几周就上岗，连自己身材都没有管理好就去教客户的人。

第三，去体检，充分了解自己的身体状况和饮食、作息规律。让健身减肥计划更贴合实际，切实解决她的问题。

所以"王者归来"的时候，教练还是那个教练，说辞也还是那套说辞，可林琅已经不是那个林琅了。

她抛出了一连串的问题，教练应付不了只好让其他人顶上。而后来的教练，不但能应对如流，而且还具有高度的专业性，林琅非常满意。她相信，好教练能让自己的健身计划事半功倍。

优势说话助力个人品牌

林琅的成长让我非常惊喜。我给她回复邮件，告诉她此刻正处于个人品牌的积累阶段，而充分利用优势同样可以事半功倍地提升个人品牌价值。

那什么是个人品牌呢？

我举了一个例子。比如林琅熟知的木器收藏领域的工匠张师傅，他做一件精品木器，是眼球，不是品牌。他做一百件木器，件件引发买家争抢，是积累，也不是品牌。他每年都做一百件木器，坚持了十年，以至于提到木雕大师，人们第一个想到的是张师傅，这才是个人品牌。

换个角度说，巴菲特即使身无分文，企业家们也愿意借钱给他，因为至少他是一个极好的"活广告"，企业完全不用担心从他身上得不到回报。相反，一个毫无名气的打工仔，就根本不可能享受这样的"待遇"。

这就是个人品牌的差距。那么拥有个人品牌，跟普通人相比，会有哪些优势呢？

1. 拥有良好的信用背书

在过去，我们相信报纸上说的，相信广播里说的。可现在，我们却什么都不敢相信了，因为谁也看不清那些眼花缭乱的广告背后到底是什么。随着信用危急的加剧，要取得别人的信任，成本越来越高。

潘石屹曾在微博上表示："未来社会最重要的是信任。信任我们周围的人，信任陌生人。去坐陌生人的车，就有了优步，滴滴。去住陌生人的家，就有了爱彼迎。有了信任，才会有共享经济。"

虽然很多人表示支持，但又觉得难上加难。而如果拥有了自己的个人品牌，那就很容易得到别人的信任。就像看病要去医院一样，相信医生会有精湛的医术治好病，而不是江湖郎中骗钱误事。

2. 更低的认知成本

对于一个陌生人，别人了解起来需要花很多的时间和精力。而如果拥有个人品牌，人们就可以用"闻名遐迩"

的方式，瞬间完成对你的认知。

3. 溢价更高

为什么一个普通的包包只能卖几百元甚至更低，但大牌包包却可以卖到数万元呢？多出来的部分就是品牌溢价。

同样的，如果把人当作产品，你的标签就是你的商标。同等情况下你的售价更高，多余的部分就是个人品牌溢价。

4. 拥有更多的主动权

在商业的世界里，没有个人品牌的人，总是想尽一切办法去挖掘客户。而拥有个人品牌的人，大多数客户都觉得你有价值，而主动找到你成交，我们把这个称为被动式成交。

既然个人品牌这么重要，要如何强力打造呢？

我们都知道，产品质量是决定一个品牌价值的基础要素，同样的，"产品质量"也是影响个人品牌的基础要素，它包括软、硬两方面技能。

一、个人的专业技能，即硬技能

个人能为企业或社会解决哪些问题，做什么贡献，创造什么价值？

例如，销售人员的基本技能是"销售"，理发师的基本技能是"理发"，教师的基本技能是"教学"等。除此之外，还有 PPT 制作、PS 技能、数据统计、摄影、英语等。

当我们在感兴趣的领域研究了 100 个以上的问题，并且在不断地积累，超越了很多普通人之后，我们的专业技能就可以切实地帮助别人。

让别人获取更多优质的内容或知识时，个人品牌才有了价值，才能发展得更好。这里建议从能发挥自身长处的一两个方面入手，选择一些想要培养的技能，再努力学习成为这个领域的专家。

所以，在这个过程中如果能找到符合自身优势的行业、岗位就显得非常重要。以林琅为例，她在上一份工作岗位中每天都用劣势工作，不但效率低下，自己更是丧失自信。

但自从转到预算岗位以后，她每天都在用优势工作，效率提高的同时还特有成就感。相应地，她的工作技能也在飞速地进步着，自己也进入了良性循环的状态。

二、个人的沟通能力，即软技能

在团队作战的时代，一个人必须善于与他人沟通，善于整合多方资源，才能打开更多机会之门，推动工作与生活向前进，为个人品牌价值加分。

在这个过程中，用优势说话就起到了极大的作用。以林琅为例，无论是买木碗藏品还是向业务员建议优化茶叶样品推广流程，用优势发声的结果都是非常好的。

足见，从才干到优势，再到优势说话，这两个步骤正好契合了个人品牌的建立过程，更夯实了软硬两项技能，它们相辅相成、互助互益。只有强大的个体，才能孕育出强大的个人品牌，而强大必须从发现优势开始。

用优势讲个人品牌故事

邮件刚发出半小时，我就收到了林琅的微信，字里行间透着焦虑，"蔡老师，我现在遇到一个困惑。有很多人说我转变很大，再加上换了岗位，简直就是脱胎换骨。知道的人明白我找到了优势才实现职场华丽转身，不知道的人，还以为我受到了巨大的刺激呢！"

我能感受到她被人质疑的尴尬。试想一下，之前内向沉默又经常犯错的"龙套"小职员，突然变成了自信满满为销售精英指点迷津的"女一号"。巨大的变化一定会引来很多揣测。

林琅又补了一条微信，"蔡老师，我是不会在意别人说什么的。我一定会坚持下去。"

"不不不。"我立刻用语音告诉她，其实这时候还真要重视别人的看法。

对于想转型或者想从既有轨道上偏离，做一些新的尝试的人来说，一个特别难以突破的点就是如何让别人理解你的转变，因为没有理解就没有信任。

比如换工作、换岗位、换行业或者承接新的业务。一定会有很多人问你"为什么"。

对熟知真相的人来说，转型是水到渠成，但对别人来讲，可能觉得你要么是一时兴起，要么是走投无路。

从能力上来讲，我们判断自己是凭借我们觉得自己能做什么，别人判断我们却是凭借我们都已经做过什么。所以你必须说服所有人，为什么尽管你看起来从没有对口的经验，但还是可以胜任新工作。

怎样才能让别人了解并信任你呢？

如何让自己的心路历程既能打动别人又不像是在自说自话？

如何把你的过去和你的现在结合起来，让别人觉得合理？

此时，我告诉林琅，她急需用优势讲好自己的个人品牌故事。

每个人都有故事，而且会很有趣，在八卦的闲谈中，你会特别愿意谈自己，谈你的经历，谈你的旅行，谈你的生活计划，谈你吃饭的细节，但如果要你把它们写出来，你会觉得很困难，它们都是稀松平常的事情，只适合作为八卦谈资，哪里够得上"写出来"的资格呢？所以对许多人来说，写个人品牌故事是建立个人品牌的最大障碍之一。这种障碍跟写作无关，而是由对个人优势的不理解造成的。

如果你纠结你的故事会被认为是"吹牛"或太"自私"或太"无趣"。但根据我的经验，以及与近千名专业人士的交流心得，我认为只要故事听起来"像"你，具备你作为主角的可能性，就不会有人质疑。

如何"像"？就是故事里展现了你的个人优势。只有符合你的优势，故事才会真的像你。

所以，你要做的是让人记住你的品牌故事，不是关于你认为自己有多伟大。而是要通过故事帮助你与你的目标受众建立情感联系。

说故事，你不需要成为一个作家。一张简单图片可以叙述一个故事。图片加上文字的海报形式也可以说故事。你只需要通过口头和视觉叙事来展示你的个性、理智、情感和技能。

所以，个人品牌故事就是准确地叙述一件事，然后让它来支持你是谁，来帮助你凝聚你的优势，帮助别人抓住你的优势，再被你的优势感动。

故事的形式千变万化，但万事开头难。所以我为林琅这样的初学者总结了一些故事套路。

　　首先我们确定故事的目的，即这是个什么样的故事？它一定是为了影响一些特定受众，达到一个特定目的而讲的故事。所以，我为它打造一个基本构架叫作——因为……但是……所以……

　　你的故事可以这样讲：因为我有一个目标，但是在追求目标的过程中遇到了阻碍，所以我做了什么（想要做什么）。一个完整的"故事"就此产生。无冲突不故事，冲突正是故事之所以成为"个人品牌故事"的核心要素。你的个人优势、价值观、动力全都来自冲突和克服冲突的描述。

转型期的三个故事

　　我告诉林琅，在目前转型期间至少具备三大个人品牌故事。

转型必备故事（一）

　　我是谁？——我的动机和价值观

　　（给别人一个相信你的理由）

　　动机就是我为什么要做出现在的这个转变，这些转变背后都有一个动机。这个动机有可能是外因，比如被裁员了，或者跟家人来到另一个城市；也有可能是内因，这是一种来自对生命意义的探索，这是价值观也是动力。当然，对大部分人来讲，我们的转变是内因和外因的结合。在讲转型故事的时候，最重要的是要把外力转化为内力，多强调内因，少谈外因，否则你的故事会让别人听起来很单薄，没有力量，也难以令人信服。

比如林琅的转型经过。她原来是在人力资源部做新人培训，因为绩效太差，不得不申请调离部门，到财务部的预算管理岗位。这的确是事实，但用事实讲出来的故事不但不好听，而且会适得其反。给人的感觉是，林琅因为学习力和适应能力低下，在前一个岗位混不下去了，干脆换个部门碰碰运气。这让后来的同事和客户自然而然地"低"看林琅一眼。

那这个故事应该怎么讲呢？还是要遵循故事的定义"因为……但是……所以"。假设你经过一些自我探索和挖掘，找到了自己的内在动力。那你的故事可以这么讲。

"我是个特别有上进心的人，但绩效排名连续靠后，给我很大的打击。我开始思考问题出在哪里。通过学习，我发现自己的优势是数据分析，我可以轻松看出数据背后的关联。所以申请到新的岗位，希望能为公司贡献更多的价值。"

在这个故事里，如果你强调绩效靠后，那就是在强调外因，而如果你强调因为我想要找到意义，这就是一个强调内因的故事。那么新的故事会给人什么感觉呢？学习、分析。一个个标签从你的故事里喷涌出来，它们轮番点亮了听者的眼睛，让他们认可你。听者不但建立起对你的良好印象，而且还愿意伸手帮你一把。

转型必备故事（二）

我是谁？——我的优势

你转变的动力固然重要，但是如果没有优势作支撑，那你的故事就只能用来感动自己。但是这个优势要怎么彰显出来呢？

在面试的时候，你跟对方讲："我工作能力很强，而且诚实好学，英语还很不错。"听到的人会暗暗想，真的吗？怎么证明？

但是反过来，如果你讲一个故事，结果就不一样了。

比如："三年前我加入一家航空公司的国际业务部，但当时我的英语很差，几乎一段完整的英文都说不出来，听力更差，但我的工作需要我每天跟外国同事进行电话会议，怎么办呢？每次开会的时候，我都会全神贯注地听，同时在纸上做记录。而且每次都把电话会议录下来，一遍一遍地播放，做听写，一个词一个词查。就这样，从几乎完全听不懂，到能完全跟上整个会议节奏，再到无论什么样口音的英语都能流畅沟通"。

听完这样的故事，就会浮现一个词"排难"，并且别人会想，在未来工作中如果出现什么困难，他也一定能克服。

讲到这，"我是谁"的故事 = "我的过去" + "改变"

我曾经英语很烂（我的过去）+ 后来坚持不懈的学习（改变）= 现在我的英语非常流利

转型必备故事（三）

为什么是我？我的独特优势是什么？让过去经历为优势加分。

别人作为听众在听你讲的时候，心里会想：为什么非得是你？你很可能是个新人，是个圈外人，你的过往和经验很可能跟现在的这个新领域毫无关系。所以，你就必须要证明你的优势是能为他们带来独特的价值。

过去，你的优势曾经帮助你取得成功，那么在新的领域，也一样能帮到你。这就是转型故事必须要有的一个关键点：如果将你过去的亮点迁移到现在，把你之前的故事元素重新组合，说出一个新的故事来，这个新故事必须能体现出你的优势。

比如一位做医疗器材的销售想要跳槽到一家教育机构。

此时在教育领域中，这位销售是个完全的外行。为了迁移亮点，突显优势，他可以说下面这个故事。

他刚入行做销售的时候，常常带着样品在酷热的天气去城市边缘拜访客户。公交车下车后为了安全没敢坐摩的，愣是步行了四五公里，口干舌燥地见到客户，水都没喝一口，总算是签下来合同。他很清楚地记得，那个月他第一次拿到销售冠军，也是第一次走遍这个城市每个角落。

成就、纪律的才干在这个故事中熠熠生辉。它们能轻而易举地说服听众，你虽然是教育行业的圈外人，但绝对可以成为最能吃苦耐劳，成长最快的员工。

转型故事必须遵循的几点原则

1. 合情合理

好故事的标准有八个字——意料之外，情理之中。虽然人们爱听天马行空、充满想象力的故事，但它们一定是利用改变时间和空间、制造巧合等方式让人觉得是可以实现的。一段故事如果拼接的痕迹太重，容易让听者产生排斥心理。回想咱们在朋友圈中，看到明显不符合事实的自我标榜者，第一反应就是选择屏蔽消息不再看他。所以合情合理是让听者接受你，愿意听下去的重要前提。

2. 以他人为中心

转型故事应该是以为他人创造价值为中心的。你喜欢不喜欢当然重要，但比你个人喜好更重要的是，你有成功案例证明你的确可以做这个工作。这和你之前工作的连接又是什么？如果中间没有什么过渡，听起来就很假。

记住，即便它们是真实存在的，但如果你缺少讲述故事的技巧，也一样会让听者觉得很假。

换句话说，不懂讲故事的人，就算是个真事也能被你讲假了。

3. 亲身经历

听者都喜欢真实的故事。因为真实性才有感染性，就初学者来说，为了保证可操作性，建议从亲身经历入手。因为真实经历才能调动初学者的情感，达到声情并茂的状态。

总结一下，别人无法理解你的转型逻辑就可能无法信任你，这时候就要靠讲好自己的新品牌故事。

你的新品牌故事需要解释三点：

为什么要转型、转行、再定位？（转型的理由）

我能给你带来什么？（我的价值）

为什么非得是我？我过往的经验可以反映什么个人优

势？（连接）

我对林琅再次强调，个人品牌故事只是一个载体，就像我们说话一样。同一个人说出来的故事效果可能千差万别。但想要提升影响力，就必须从优势出发，让听者从故事中找到我们的优势，他们记住的优势越多，给予的信任就越多。在日后的共处中，听者也能结合事实来反向验证故事，得出我们"言行合一"的结论。

否则，如果只满足于无关优势的好故事，效果会适得其反。

所谓无关优势的好故事，就是我们在讲述的时候效果极好，听者也牢牢记住的那个故事。可是随着时间的推移，听者会发现我们本身跟故事主角是截然不同的人，故事只是用来博人眼球、刷存在感的。听者只会产生逆反心理，给我们贴上"虚有其表"标签。

再以林琅为例，她的才干中并没有"取悦"，但如果她偏偏讲了一个关于"取悦"的个人品牌故事会怎样呢？

我杜撰了一个林琅在求职的时候讲的无关优势的故事。

林琅从小就是开心果，不管是在家里，还是学校，只要有她的地方一定是欢声笑语一片。之前她是做图书管理员，因为工作的时候要尽量保持安静，她受不了压抑的环境才辞职，现在来到幼儿培训机构当助教。她相信一定能胜任这份工作，让小朋友和家长在学习的时候都能开开心心的。

毫无疑问，这是个有"笑声"的好故事，它无时无刻不突显着"取悦"才干，这也是非常适合幼儿培训机构的。但试想，如果林琅真的被录用以后，同事们很快就发现她其实根本没有取悦的特质，从而质疑她的判断力乃至诚信。

这对于刚入职的林琅来说，就只能是"搬起石头砸自己的脚了"。

一言以蔽之，用优势来讲故事，再用故事表达优势。就是个人品牌故事的精髓，也是建立个人品牌的坚实佐证了。